B站运营

爆款内容 + 商业变现 + 品牌营销

秋叶 著

- 6 类爆款内容选题
- 7 位热门 UP 主案例
- 9 种商业变现模式

北京大学出版社
PEKING UNIVERSITY PRESS

内 容 提 要

普通人如何在B站上掘金？本书通过5章内容，讲解B站"出圈"原因、商业价值及与其他平台的对比；解析那些在B站上爆火的UP主运营账号的具体方法，剖析B站的六大变现模式；讲解企业如何利用品牌营销掘金，手把手教读者掘金B站。本书用案例带理论，每个案例都有可落地的实操方法，可读性较强，易学易懂。

本书适合渴望掌握更多变现技能的新媒体从业者，适合希望利用业余时间实现副业变现的上班族、学生党，以及想抓住B站风口的创业者、企业品牌方等。

图书在版编目（CIP）数据

B站运营：爆款内容+商业变现+品牌营销 / 秋叶著. — 北京：北京大学出版社，2022.4
ISBN 978-7-301-32892-7

Ⅰ.①B… Ⅱ.①秋… Ⅲ.①网络营销 Ⅳ.①F713.365.2

中国版本图书馆CIP数据核字(2022)第036892号

书　　名	B站运营：爆款内容+商业变现+品牌营销
	BZHAN YUNYING: BAOKUAN NEIRONG + SHANGYE BIANXIAN + PINPAI YINGXIAO
著作责任者	秋　叶　著
责 任 编 辑	张云静　杨　爽
标 准 书 号	ISBN 978-7-301-32892-7
出 版 发 行	北京大学出版社
地　　址	北京市海淀区成府路205 号　100871
网　　址	http://www.pup.cn　　新浪微博：@ 北京大学出版社
电 子 信 箱	pup7@ pup.cn
电　　话	邮购部 010−62752015　发行部 010−62750672　编辑部 010−62570390
印 刷 者	三河市博文印刷有限公司
经 销 者	新华书店
	880毫米×1230毫米　32开本　6.25　印张　191千字
	2022年4月第1版　2022年4月第1次印刷
印　　数	1−6000册
定　　价	58.00 元

未经许可，不得以任何方式复制或抄袭本书之部分或全部内容。
版权所有，侵权必究
举报电话：010−62752024　电子信箱：fd@pup.pku.edu.cn
图书如有印装质量问题，请与出版部联系，电话：010−62756370

前言

"前来考古。"

这是UP主(上传者)"老师好我叫何同学"2018年的一条投稿视频中出现频率最高的弹幕,何同学也未曾想到,原本仅有几万播放量的视频,竟在不知不觉中突破百万播放量。

2018年,短视频开始崭露头角,B站刚刚登陆纳斯达克,"二次元"标签仍如影随形。彼时,UP主还不能算是一个职业,作为B站的"萌新",何同学也曾迷茫,毕竟学业繁重,时间紧迫,面对不上不下的视频播放量,他虽然也曾怀疑过自己,但出于热爱,他从未放弃。

之后,何同学的涨粉情况只能用"扶摇直上"来形容。2019年,一条科普5G的视频将何同学送上B站热门,何同学一夜涨粉百万;2020年,一张600万人的合影将何同学送上微博热搜,"火出圈";2021年,何同学凭借一条关于AirDesk的视频让A股上市公司乐歌股份市值暴涨5亿……

事实上,在何同学"出圈"事件的背后,更火的或许是其所在的平台B站。在朋友圈刷屏的《后浪》《入海》《喜相逢》,地铁站内随处可见的B站广告牌,UP主"造富神话"的热议……B站变了,行业竞争环境也变了——PUGC(专业用户生产内容)领域的新老玩家左手"挖角",右手造势,携流量和资本躬身入局,拼杀突围。

而B站,显然是被突围的那个。

如今,"小破站"早已不容小觑,市值一路突飞猛进。根据B站官方的财务报告,2020年B站全年营收120亿元,同比增长77%。B站发布的2021年第二季度财报显示,其第二季度总营收达44.9亿元,同比增长72%,月均活跃用户达2.37亿,同比增长96%。

B站在"破圈"口号的影响下,平台生态越来越繁荣。首先,在内容输出方面,越来越多有个性、有才华的UP主入驻B站,深耕年轻圈层,使得B站的内容生态呈现"万物皆可B站"的趋势;其次,因为内容更加"有看头",越来越多的年轻人甚至中老年人开始使用B站,用户群体逐步扩大;最后,流量的汇入大大推进了UP主和B站本身的商业化进程,"万物皆可恰饭"的全方位营销生态逐步成型……内容输出、用户汇聚和商业转化之间,形成了独特的、充满活力的B站生态闭环。

事实上,频繁"出圈"的背后是一个"入圈"(入主流圈)的过程。相较其他平台(如抖音、快手)的"入圈"时间,B站10年的"入圈"时间显得格外漫长,但也正是这种厚积薄发,让B站在短视频浪潮中走得更为稳当。

2021年,B站董事长兼CEO陈睿表示,在中国,每两位年轻人就有一位在B站活跃作为"Z世代"的大本营,B站既成了普通人向往的"掘金阵地",也成了众多企业瞄准的一块"价值洼地"。

所有的巅峰时刻都需要筹谋,所有的非凡之事都需要酝酿,那些成功突围的UP主与企业,背后都有他们的苦心经营。超高播放量与点赞量的背后,意味着大量B站用户认同UP主与企业,同时也代表着这些UP主与企业掌握了B站变现的先机。

如B站游戏区UP主"老番茄",一条视频刊例价高达89万;"90后"UP主"凹凸赛克"凭借原创积木MOC设计和拼配视频,收入翻了几番;靠美食制作和京剧凤冠火出圈的芬达,在B站收割了百万流量;

元气森林因为B站的一场晚会，市值赶超诸多国际巨头，为140亿市值目标的完成打下了坚实的基础……

虽然成功案例很多，但实际操作起来依然困难重重。入局判断不准确、难以深挖内容深度、稍纵即逝的流行文化，这些困难会让很多UP主和企业觉得，B站依然如同一座围城，并不好突围。

有的UP主始终默默无闻，入站几年却没有一个拿得出手的作品；有的UP主昙花一现，最后在竞争激烈的大环境下被迫退出；有的企业品牌在行业里叱咤风云，却在B站被称为"最惨官方"……

会出现以上种种情况，归根结底是因为UP主和企业没有掌握掘金B站的方法。纵观当前图书市场，与B站相关的运营书籍少之又少，鉴于此，笔者萌生了助力UP主和企业掘金B站的想法，想以图书的形式系统全面地向读者展示掘金B站的方法。

笔者以自己运营B站的经验，结合众多成功案例，全面剖析了B站的掘金之道。

阅读本书，读者可以了解以下内容：

B站"出圈"的优势；

"火出圈"的UP主掘金技巧；

爆火内容的生产方法；

UP主的六大变现模式；

企业在B站的掘金之路。

以上五大内容对应本书的五大章节。在第1章中，读者可以从B站"出圈"原因、商业价值，以及与其他平台的对比，对B站平台有初步了解；在第2章里，读者可以从每个类型的案例中，找到那些在B站上爆火的UP主运营账号的具体方法；在第3章里，读者可以发现不一样的B站内容生态；在第4章中，笔者为读者提供了B站的六大变现模式，手把手教读者掘金B站；在第5章中，笔者分5篇内容为读者由浅入深地讲解企业如何掘金B站。

不同于市场上大部分新媒体运营书籍的写作手法，本书用案例讲理论，每个案例都有可落地的实操方法，可读性较强，让读者可以在了解案例的同时思考自身的运营方法是否正确，易学易懂。

本书适合渴望掌握更多变现技能的新媒体从业者，也适合希望利用业余时间实现副业变现的上班族、学生党，以及想抓住 B 站风口的创业者、企业品牌方等。想在 B 站掘金的人，都可以通过本书掌握掘金 B 站的方法。

目录

CONTENTS

第1章 "出圈"的B站 001

1.1 B站凭什么频频"出圈"？ 001
聚焦"Z世代"，必然有红利 002
多样文化兴起，"独乐乐"变"众乐乐" 005
良好用户体验，引发好评 013
有力的线上、线下营销，迅速涨粉 015
UP主准入门槛变低，变现渠道广 016

1.2 B站的独特商业价值 018
用户的高增长、高活跃、高黏性 018
企业蓝V品牌和个人品牌的营销利器 021

1.3 B站与其他视频平台的对比 023
B站 vs 传统视频网站："短打" vs "长胜" 023
B站 vs 抖音：文化社区 vs 音乐短视频社区 025
B站 vs 微信视频号：学习场景 vs 工作场景 027

第 2 章　B 站上那些好玩的 UP 主都是怎么火起来的……030

2.1 罗翔说刑法：2020 年 B 站涨粉最快的 UP 主（知识类 UP 主）……030
封面、标题吸睛，引发用户好奇心……032
人设塑造紧跟热点，引发弹幕互动……034
"单口相声"般的刑法解说内容……040

2.2 硬核的半佛仙人：一期视频涨粉 60W+ 的创作者（知识类 UP 主）……046
降维普及，专业化内容下沉……047
追热点，封面标题吸睛……048
视角独特，反向解构……049
好方法沉淀用户流量……051

2.3 老师好我叫何同学：3 天涨粉百万的理工男（科技类 UP 主）……053
标题凸显标签，定位"年轻人/在校生"……054
干练的剪辑，独特的用镜……055
视角新颖，思想深刻……057
视频文案富有情怀……059

2.4 我是郭杰瑞：2020 年全网最火的外国 UP 主（生活类 UP 主）……061
巧设冲突，现场解说……062
不偏不倚的真诚态度……065
人设转型，升华内容……067

2.5 老番茄：B 站首个 1000 万粉丝 UP 主（游戏类 UP 主） 068

配音出彩，二次创作有剧情 068

题材有趣，扩大受众范围 070

作品质量高，B 站助力 071

2.6 周六野 Zoey：健身"小白"的最爱（健身类 UP 主） 072

强调简单、快速见效的吸睛标题 072

定位清晰，"干货"完整且成体系 073

以"闺密"角度切入，拉近与用户的距离 076

2.7 绵羊料理：美食界的天才"作家"（美食类 UP 主） 078

文案押韵，制作精美 078

现学现做，还原料理最真实的部分 080

坚持探索，持续迭代 082

第 3 章 不一样的 B 站内容生态 085

3.1 生产爆红内容的三个维度 085

精准定位：占领粉丝心智的正确方式 086

创意选题：激发观众兴趣，增强粉丝黏性 091

匠心打造：聚焦内容，用匠心吸粉 093

3.2 B 站六大爆款内容选题方向 094

专业知识科普：通俗易懂，直击痛点 095

美食鉴赏制作：讲解真实，差异化制作 097

真实生活分享：越普通真实，越有人气 099

搞笑剧情演绎：幽默而不失深刻，令人回味无穷 100
电竞游戏解说：趣味解说，轻松娱乐 102
真人才艺展示：真才实学，总能吸引到人 103

3.3 B站内容的生产流程 104
第一阶段：内容冷启动 104
第二阶段：持续输出高质量内容 107
第三阶段：塑造与沉淀社区文化 110

3.4 B站内容反馈策略：小黑屋公示＋风纪委员会自治 111

第4章 B站UP主的六大变现模式 116

4.1 "充电计划"：最直接的变现方式 116
"充电计划"的加入方法与规则 117
哪些内容更能吸引用户"充电"？ 118

4.2 "激励计划"：10000播放量≈30元 119
"激励计划"的入驻条件与行为规范 120
"激励计划"的收益获取规则 122
"激励计划"下UP主可参与的活动 123
"激励计划"的两大优势 126

4.3 "悬赏计划"：在视频下方悬挂广告 128
"悬赏计划"的变现优势与规则说明 128
"悬赏计划"两种变现方式 129
"悬赏计划"的注意事项 131

4.4 花火平台：有保障的商务合作 131
花火平台的变现优势 132
花火平台的入驻与交易 133

4.5 商务合作：B 站赋能 UP 主变现 134
定制内容：为商家制作定制化内容 135
软植入：绵里藏针，收而不露 137

4.6 课程变现：如何打磨一门知识付费课 141
打造课程体系 141
上线试看与优惠功能 143

第 5 章 企业如何掘金 B 站 145

5.1 方法篇：企业在 B 站的三种品牌营销方式 145
运营企业蓝 V 账号，做品牌宣传 146
与 UP 主 PUGV 内容合作 150
与 B 站官方 OGV 内容合作 151

5.2 内容篇：企业品牌的内容创作要点 152
自营账号：企业蓝 V 账号内容创作要点 153
与 UP 主合作：PUGV 内容联合创作要点 157
与官方合作：OGV 内容联合创作要点 161

5.3 投放篇：B 站广告投放指南 163
明确品牌的投放方式——找 UP 主投放广告 163
企业如何在 B 站上找到优质 UP 主投放广告 164

5.4 运营篇：如何运营B站蓝V账号 168

　　哪些品牌账号适合入驻B站 168

　　学会包装，让蓝V账号快速出圈 172

　　掌握视频发布方法，让内容传播更快 176

　　蓝V账号的三大引流方式 177

5.5 案例篇：三类企业蓝V账号的榜样玩法 179

　　元气森林：打造IP矩阵，冠名B站 179

　　蜜雪冰城："雪王"+神曲，"血洗"B站 180

　　美的：家电行业最"突破"的蓝V账号 182

后记　看十年，做一年 186

第1章
"出圈"的B站

B站"出圈",是经年累月、厚积薄发的必然结果。"Z世代"的红利、多样文化的兴起、良好用户体验、有力的线上线下营销、准入门槛的调整及多样的变现渠道,让B站至此踏上了"出圈"的征程。

1.1 B站凭什么频频"出圈"?

"十年破站无人问,一朝成名天下知",用这句话来形容B站(bilibili,简称B站,文化社区和视频平台)近年的"出圈"之路再合适不过了。

高喊"破圈"的B站在其成立11周年之际,持续输出引发现象级热议的"组合拳",如一场精彩绝伦的《bilibili晚会·二零一九最美的夜》跨年晚会,十周年纪念影片《干杯》,火爆全网的《三体》动画制作宣告,以及引发热议的"浪潮三部曲"——《后浪》《入海》《喜相逢》……

在这种"破圈"趋势下,我们也能看到越来越多的"素人"(即普通人)成为B站UP主(上传者)后走红。他们穿汉服、玩游戏、做美食、去旅行,拍拍视频就能获得不菲的收入,"玩着玩着"就赚到了钱。可见,普通人想在B站上掘金并不是不可能。

要想在B站上掘金,首先得对B站这个平台有所了解。回顾B站的发展历程，不难发现B站的"出圈"之路主要分为5个阶段，如图1-1所示。

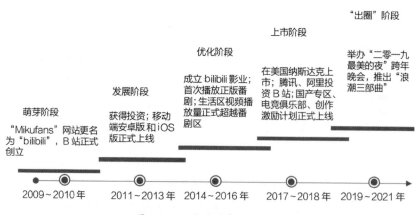

图1-1 B站的"出圈"之路

在这五大阶段，B站频频引起大众关注，背后靠的不仅仅是简单的宣传营销，更多的是B站平台的独特优势与苦心经营。经过多年的经验总结，笔者认为B站的"出圈"与其以下五个特质息息相关。

聚焦"Z世代"，必然有红利

"Z[1]世代"是欧美流行语，是指1995～2009年出生的人，即"95后"和"00后"。"Z世代"又被称为"互联网世代"，他们是互联网的"原住民"，几乎是一出生就接触互联网、智能手机和平板电脑。

"Z世代"群体个性鲜明，热爱新鲜事物，追求刺激，注重体验。艾瑞咨询的相关数据显示，截至2021年4月，"Z世代"的用户规模占互联网整体的27%，总人数超过3.8亿。如今，"Z世代"已成为互联网中的主流人群，成为未来促进中国新经济发展的重要角色。

"Z世代"除了具有人数红利外，还具有以下特点。

---

1 用字母"Z"表示这个群体，是因为1965—1980年，库普兰的小说《X世代：加速文化的故事》使"X"符号流行，所以X世代后的15年被称为"Y世代"，再往后15年就是"Z世代"。

首先是网络使用率高。"Z 世代"是互联网的重度用户,从互联网的使用广度和使用深度上来看,"Z 世代"均高于全网平均水平,如图 1-2 所示。

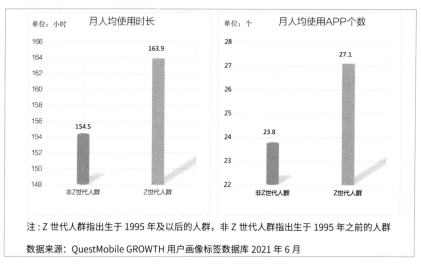

图 1-2 "Z 世代"人群和非"Z 世代"人群移动互联网使用行为对比[1]

与过去的网民相比,"Z 世代"不再是单纯地"上网",而是"活在网上",他们对电子设备具有超强的依赖性,在社交平台上,他们也有着很强的分享欲。《腾讯信息流与 QQ 广告:Z 世代消费力洞察》显示,"Z 世代"在社交聊天上平均每天花费 56.2 分钟,在观看视频上花费 53.39 分钟,在逛购物网站上花费 27.12 分钟……每天上网 3 小时,成了"Z 世代"的"标配"。

其次,"Z 世代"作为年轻群体,具有更高的消费能力和更强的消费意愿。"Z 世代"的消费观与众不同,如面对喜欢的游戏,他们可以一次性充值较大数额,面对喜欢的高价盲盒,他们也可以毫不犹豫地买下。

---

[1] 数据来源于知名市场调研机构 QuestMobile 发布的《中国移动互联网 2021 半年大报告》。

电通中国发布的《2022解码Z世代》报告显示，2021年，在去中心化的中国市场，近3亿"Z世代"消费支出预计高达5亿元。其中，"Z世代"在时尚领域的消费金额逐年增长，在潮流市场的消费规模占比高达80%。可见，"Z世代"的消费能力和消费意愿均高于平均水平。

与此同时，对品牌的选择，"Z世代"有着自己的深刻见解，只有对消费品牌有所了解后，他们才会做出进一步的选择。他们还有着强烈的社会责任感，不再将娱乐放在第一位，所以近年来，B站上的法律信息、政务信息、地区新闻等内容也时常登上热门。

总之，"Z世代"的思维认知、行为习惯有着明显的互联网特性：他们不仅有着超强的消费力，同时还在互联网中占据了一半以上的话语权，成为社交媒体上最活跃的群体。

在QuestMobile"Z世代偏爱APP"和"Z世代偏爱泛娱乐APP"两项榜单中，B站多个季度蝉联第一。以动漫、游戏"发家"的B站，其平台调性刚好与"Z世代"高度契合，也正因为如此，B站被誉为最大的年轻人社区。因此，"Z世代"的崛起之路，正是B站的"出圈"之路。

在B站，我们可以找到"Z世代"喜爱的动漫和国潮文化。"Z世代"热爱动漫，但是他们也同样拥有强烈的爱国情怀和文化自信，所以，B站上国创、国漫等具有国风特色的视频内容，正中"Z世代"下怀。

在B站，我们可以找到满足"Z世代"需求的社交机会。大多数的"Z世代"是独生子女，有着强烈的社交需求，而聚集众多"Z世代"的B站，正好给予了他们在虚拟世界结交朋友的机会。

在B站，我们可以找到陪伴"Z世代"的学习群体。打开B站的"氛围自习室"，视频中展现的是被书本堆满的桌面，以及笔尖划过纸张的声音，不用言语，就足以吸引众多"Z世代"前来观看。事实上，在B站学习已成为"Z世代"的常态。B站除了给"Z世代"提供共同学习的平台，还涌现出一批知识区的KOL（关键意见领袖），给"Z世代"带来了更多的学习资源。

B 站里"装"了太多"Z 世代"意想不到的惊喜,"Z 世代"也因此纷纷涌入 B 站。B 站抓住了这一群体的需求,通过精品内容与强力营销,让自己轻松"出圈",开始收割时代的红利。

多样文化兴起,"独乐乐"变"众乐乐"

过去的 B 站,以亚文化为代表。亚文化是一种区别于主流文化,具有独特价值观和审美观的网络流行文化。随着"Z 世代"的不断成长,他们的想法和爱好逐渐被社会所关注,曾经被看作"异类"的亚文化,诸如二次元等传统 B 站用户喜欢的内容,开始走进更多人的视野,成为流行文化。与此同时,随着对主流文化有需求的"Z 世代"群体的涌入,B 站的用户需求差异也在变大,B 站文化呈百花齐放之势。

B 站文化主要分为以下 6 个类别,这 6 类文化在 B 站沉淀多年且不断发展、壮大,是 B 站之"魂"。

1. 二次元文化

你在日常生活中使用"宅""呆萌"等网络流行词汇时,是否知道这些词汇其实都来源于二次元文化?

二次元是 ACGN[1] 亚文化圈的专用语,意为"二维",是指呈现在屏幕或纸面等平面上的动漫、游戏等作品中的角色,具有架空、幻想、虚构等属性。与动画片不同的是,二次元作品并不低幼,有些作品的深度并不弱于现实题材的电影和电视剧。

二次元文化虽起源于日本,但如今随着国漫的崛起,越来越多的国漫粉丝随之出现,二次元也被划分成国漫和日漫两大主流"门派",如图 1-3 所示。

---

1 ACGN 为英文 Animation(动画)、Comic(漫画)、Game(游戏)、Novel(轻小说/ACGN 圈内接受程度较高的文学作品)的合并缩写,是从 ACG 扩展而来的新词汇。

图 1-3 日漫与国漫作品

如果说动漫是二次元文化的代表,那么二次元语言则是二次元文化的"入门必备"。在 B 站,二次元网络用语是"通行证",不同词汇代表不同含义,如表 1-1 所示。

表 1-1 常见的二次元网络用语

名称	含义	举例
CP	配对、情侣	我是××和××的 CP 粉
高能预警	提醒观众接下来有冲击性或惊喜场面	高能预警,非战斗人员请撤离现场
Orz	表示佩服、五体投地,或者内心崩溃、无语	太厉害了吧!Orz……
颜艺	面部表情的艺术,常用来形容夸张的表情	动漫里的崩坏级颜艺角色
再来亿遍	指某个视频已经看了很多遍了,但还是会看很多遍	这段视频再来亿遍!
番	动画剧	一月新番

续表

名称	含义	举例
YYDS	永远的神、永远单身	×××是YYDS
蚌埠住了	绷不住了	我真的蚌埠住了
夺笋	多损	这人夺笋
……	……	……

或许有人会问，这些令人看不懂的二次元文化，为什么会深受"Z世代"的欢迎？大概是因为二次元文化的独树一帜和与时俱进吸引到了正在寻找理想载体的"Z世代"，给予他们在虚拟世界中寻找真实灵魂的机会。可以说，对于"Z世代"而言，B站的网络世界不再是虚拟世界，而是可以表达观点、结交朋友的真实空间。

在很长一段时间里，二次元文化是"另类"的存在，是不能被主流文化所理解的。如今，原本只存在于"架空世界"的二次元，突破"次元壁"来到"三次元"，与各类用户同欢。越来越多的漫展，街边随处可见的制服裙，以及品牌投放的二次元霸屏广告，无不向我们展示着二次元文化"破圈"之路的成功。

2. 弹幕文化

弹幕是观看视频时弹出的评论性字幕。早在日本 Niconico 在线弹幕动画视频网站中，弹幕文化就已出现。这种在屏幕上一闪而过的留言形式在日本推出后，迅速得到广大用户的关注和使用。后来，B站引进弹幕文化，同样深受欢迎。

B站的弹幕文化主要有以下两大特点。

第一个特点是能打破时空，提升用户互动率。弹幕可以将处于不同时空，但观看同一视频的用户连接在一起。比如，用户会在视频中留下自己的观看时间；当我们在B站观看惊悚画面时，屏幕上会出现"弹幕护体""求保护"等弹幕，即使画面很惊悚，但用户的互动给予了观看影片的我们"陪同感"；当UP主向用户诉说自己的情怀时，用户会热情互动，送上祝福，分享UP主的喜怒哀乐，如图1-4所示。

图1-4　B站视频弹幕截图

在弹幕中，即使用户之间、用户与UP主之间无法真正接触到彼此，也仍能十分有默契地形成一种互相慰藉的观影氛围。

第二个特点是B站有严格的弹幕管理机制。B站的人工智能系统可以及时拦截言辞不当的弹幕，同时，在B站观看视频的用户也有监管弹幕的权利，遇到不符合规范的弹幕可以"投诉"，进行举报。这两种方式基本能有效清理劣质弹幕（人身攻击、剧透、打广告等）。

或许有人会问：既然有了评论，为什么还会有弹幕？事实上，弹幕与评论的功能和优势各不相同。例如，用户观看弹幕和观看评论的时间点不同，弹幕与视频往往可以同时观看，但评论通常是用户看完视频后再集中观看，弹幕的时效性更强；同时，弹幕更能表达用户在某一时刻的即刻感受（开心、感谢、感动等）；弹幕的字数都较为简短，而评论则可承载更多信息，使互动更有深度；用户很容易在 B 站的弹幕文化中产生从众心理，比如用户会在弹幕上发送相同的文案，开启"刷屏"模式，这种现象在评论区是很难看到的。

总之，B 站的弹幕文化是 B 站社区的"黏合剂"，它能让用户在使用弹幕语言的过程中增强群体归属感。

3. 社区文化

在 B 站，社区的构建不仅仅依靠用户，而是依靠 B 站、UP 主、用户三方力量的共同努力：B 站为 UP 主提供施展才华的平台和良好的社区氛围；UP 主创作优质内容，以此连接用户，吸引更多的用户加入社区；用户参与互动，维系社区。

那么为什么 B 站可以形成独特的社区文化，吸引众多用户呢？

B 站 CEO（首席执行官）陈睿的回答是：孤独。

"一个人没事情干的时候，打开 B 站，看着弹幕飘过，就像是很多人一起看一个视频，即使有乱七八糟的骂战，也比冷冷清清一个人好。"陈睿如此说道。

在 B 站，"抱团取暖"的社区文化正在形成，生活压力越来越大的年轻人越来越需要志同道合的"伙伴"。例如，B 站有一首名为《被生命厌恶着》的歌，当这首歌发布后，不少网友在评论区讲述自己曾试图自杀的经历。

或许在上一代看来，这种想法是无法理解的，他们觉得诧异：为什么一个人会因为一件小事情而选择轻生呢？不被理解的年轻人感到孤独，只能通过 B 站的弹幕和评论找到情绪发泄口。渐渐地，这群承受着巨大外部压力的群体慢慢聚集，形成了一种社区文化。

除了缓解孤独感，B 站社区文化的形成还与用户的兴趣爱好密切相关。例如，爱好写作的用户会在写作相关的 UP 主视频播放区聚集；喜欢做饭的用户会在美食 UP 主视频播放区聚集；热衷玩游戏的用户会在游戏 UP 主的视频播放区聚集……

B站运营 >>> 爆款内容＋商业变现＋品牌营销

正如陈睿所说，B站的核心竞争力是文化和圈子，那么营造良好的社区氛围就是他们必须考虑的事情。靠社区"出圈"的B站，原本的社区文化也正受到一定冲击，未来要想引导社区文化氛围继续朝着正向发展，B站需从以下几个方向努力。

首先是深入理解用户。当用户群体延伸到"Z世代"后，B站不能以原有B站重度爱好者的视角来看待B站的发展，必须深入挖掘"Z世代"的用户需求，抓住用户痛点。

其次是重新制定B站的准入标准，做好用户引导与控制。针对泛化后的用户，B站需要调整相应的准入机制，从而更好地处理33个分区的各种问题。每个分区应有相对独立的核心用户，从而打造相对独立的社区文化。

最后是控制社区成长的速度。欲速则不达，B站依然是以内容为王的平台，若一味追求数量，出现过多质量参差不齐的视频内容，可能会加剧站内的文化冲突。

总而言之，B站赢在社区文化，但未来也有可能输在社区文化，其转型不能操之过急。

4."鬼畜"文化

网络平台的"鬼畜"视频，是指以快速重复、高度同步的素材配合BGM（背景音乐），从而制造出喜剧效果的视频。日常生活中较为平常的素材被"鬼畜"化后，会给用户带来意想不到的视听体验。如今，B站的"鬼畜"文化已无处不在。

那么B站的"鬼畜"文化是如何"出圈"的呢？这一切，我们得从"鬼畜"的"前半生"说起。

与弹幕文化一样，"鬼畜"一词也源于日本Niconico动画视频网站，原名为音MAD[1]。随着ACG文化的爆发，"鬼畜"文化迎来了黄金时代。

---

[1] 音MAD是ACG文化、恶搞文化、同人文化界的多媒体作品，通过对一段素材的音频、视频进行编辑，配以作者选用的音乐，从听觉、视觉上（转下页）

2008年，作为第一个从日本弹幕网站传入中国的"鬼畜"视频，《最终鬼畜蓝蓝路》在国内开启了"鬼畜"文化的发展之路。B站作为"鬼畜"文化传播的主要载体，顺势赶上了"鬼畜"文化的高速发展期，于是B站特意开辟了"鬼畜"这一独立分区板块，以"伊丽莎白鼠"为首的众多"鬼畜"UP主，让"鬼畜"成功"入籍"国内的网络亚文化[1]，"鬼畜"成为B站二次元文化中不可或缺的一部分。

2015年后，B站的"鬼畜"文化迎来大爆发，成龙的霸王广告、雷军的《Are You OK》、念诗之王、"真香"王境泽……自"鬼畜"文化大火后，不止个人UP主，就连知名企业也加入"鬼畜"文化的阵营中来。如阿里巴巴旗下的钉钉，就在B站发布了《钉钉本钉，在线求饶》的视频，以自嘲的方式力挽口碑，深受粉丝喜爱。

"鬼畜"区视频制作门槛较高，投稿数量不多，但这类视频的受欢迎程度较高，许多优质作品的播放量能够突破百万甚至千万。与过去相比，如今的"鬼畜"视频不再只有简单的重复、断帧与调音，其制作更为复杂，扣帧、特效、连续剧集式的制作方式开始涌现。

5."梗"文化

"梗"实际源于对相声文化中"哏"字的误用，"哏"是相声界的一种术语，是指接话的切入点，如典故、漏洞、笑点等。事实上，这个源头也印证了"梗"的"幽默底子"。

与网络流行语不同的是，"梗"不只有文字这一种表达形式，图片、音频、视频都能表达出一个"梗"的含义。"梗"的生成与传播，通常源于各种奇闻趣事。B站用户自发对这些奇闻趣事进行提炼，最终在网上传播开来，形成约定俗成、引发共鸣的衍生符号。

（接上页）达到素材与音乐同步，和MAD形式类似。不同的地方是MAD的重点在于画面，而音MAD的重点则放在音频之上。
1 亚文化是指社会阶层结构框架里不断出现的那些带有一定"反常"色彩或挑战性的新兴社群或新潮生活方式。

例如，伴随着东京奥运会的开幕，许多运动员受到了网友的关注，甚至已经退役的运动员也成了网友讨论的热点。最具代表性的国家乒乓球队成了广大 UP 主的"梗"文化素材。

以"不懂球的胖子"这个"梗"为例，这是大家对国乒总教练刘国梁的一种善意的、褒义的调侃。这个称呼源于 2016 年的里约奥运会，一位网友在网上观看乒乓球比赛时留言："中国队后面坐的胖子是中国的官员吗？感觉整场比赛就他不懂乒乓球。"其他网友看到该留言后忍不住调侃："你对力量一无所知！"

自此，"不懂球的胖子"这个梗便流传开来，刘国梁也因此受到广大网友的关注。网友开始在 B 站上整理刘国梁的"战绩"：他是中国乒乓球历史上第一位集奥运会、世乒赛、世界杯冠军于一身的"大满贯"得主，退役后转做教练，带领国家乒乓球队在国际赛场上获得无数荣誉。更多人知道了这个"不懂球的胖子"，对他的球技、贡献给予了更多的褒奖。

"梗"文化更新速度很快，当新"梗"出现时，老"梗"就会被人遗忘。B 站"梗文化"的狂欢，背后可能是一种单纯的趣味调侃，也可能是一种情绪的发泄与自我安慰。对于这种流行的表达方式，我们应积极引导并给予包容，使其正向发展。

6. 包容文化

B 站商业版图不断扩张的过程中，新用户不断增加，曾经的二次元小众文化与主流大众文化发生了碰撞，导致许多 B 站老用户对 B 站的商业化之路提出质疑：B 站文化是否变味儿了？

面对这一"灵魂拷问"，B 站已经用行动给出了最好的回答——B 站文化并没有变味儿，而是在不断成长，不断包容更多的文化。

越来越多的新用户涌入 B 站，在一定程度上降低了小众文化在 B 站的"地位"；但另一方面，包容更多文化、融入主流社会的 B 站，正促使包括小众文化在内的各类文化朝着受众多样化的未来发展。

在 B 站社区，有两条十分重要的价值观——公正与包容。公正代表了 B 站的真实与自律，而包容则表现了 B 站"出圈"之后的百花齐放。谁能想到，原本仅有一两个与动画相关的内容分区的 B 站，如今已发展为拥有几千个类别的内容社区。

这一切都得益于 B 站的包容文化，正如 B 站上市招股书写的那样："我们最初是一个受动画、漫画和游戏启发的内容社区，现在已经发展成一个全方位的在线娱乐世界，涵盖了各种各样的类型和媒体格式，包括视频、直播和移动游戏。我们现在已经成为不同文化和兴趣者之家，也成为中国年轻一代发现文化趋势和文化现象的目的地。"

良好用户体验，引发好评

在 B 站观看过视频的用户应该深有体会，没有广告的 B 站就像是视频网站中的一股"清流"，这也从侧面说明，B 站是属于用户的，而不属于商业平台。

在其他视频网站中，除非用户付费成为该网站的会员，否则每个视频前都会有一段广告，时间长度各不相同，有的是 15 ～ 45 秒，有的是 60 ～ 180 秒。作为长视频商业平台，B 站若要引进贴片广告也无可厚非，但致力于给用户带来更好观看体验的"小破站"并没有这样做。

早在 2014 年，B 站就曾对用户接受广告的情况做过调查，调查显示，大多数用户表示可以接受 15 ～ 30 秒的广告。尽管如此，B 站仍旧没有引进贴片广告，甚至对外界做出承诺：B 站购买的正版新番永远不加视频贴片广告，如图 1-5 所示。

图 1-5　B 站对贴片广告的声明

陈睿更是在采访时表示："我希望所有的朋友都能在 B 站看没有广告的新番，而不用浪费 15 秒、30 秒，甚至 75 秒的人生（去看广告）。"

这一区别于其他视频平台的举动引起网友好评，进一步激发了大家去B站看番的热情。

除去贴片广告，B站还会在用户生日当天送上生日祝福。用户只要打开B站，就能看见内容是生日祝福的开屏广告，如图1-6所示，十分贴心。

图1-6　B站开屏广告之生日祝福语

另外，若用户在B站搜索"自杀"等负面词汇时，B站提供24小时免费心理咨询的联系方式，如图1-7所示。

图1-7　搜索"自杀"等负面词汇的B站界面

正是因为B站没有把盈利放在第一位，而是把用户当作真正的家人，为用户提供了诸如去贴片广告、生日祝福、心理咨询等人性化体验，用户才会对B站有着极大忠诚度。所以说,这种人性化的用户体验为B战"出圈"奠定了坚实的用户基础。

有力的线上、线下营销,迅速涨粉

如果说B站原有的社区文化是其"出圈"的根基,那么B站的品牌营销就是B站"出圈"的强大推力。

B站的品牌营销,得从那一场惊艳众人的跨年晚会说起。

这场惊艳众人的跨年晚会主要分为"日落""月升""星繁"三个篇章,百人乐团的现场演奏,琵琶演奏家方锦龙和虚拟歌姬洛天依的"破壁"同台,《哈利·波特》系列电影的经典场景重现,《中国军魂》的现场演绎……每一个节目都堪称精品,各种元素结合得丰富、大胆,很多设置都跳出了传统跨年演唱会的框架,让我们久久不能忘怀。果不其然,这场极具年轻态的晚会在2019年年末口碑力压其他卫视的晚会,晚会直播同时在线观看人数为8000万,视频播放量高达3629万。

这场晚会对B站最直观的影响体现在股价上,截至2020年1月2日收盘,B站股价上涨12.51%,市值近68亿美元。也正是从这场晚会开始,B站开始高喊"破圈"的口号,正式开启"出圈"模式。

在晚会后,B站第一次引发热议的品牌营销是影视版权的购买。国内如《警察故事》《卧虎藏龙》等,国外如《哈利·波特》系列、《碟中谍》系列等,大量口碑和热度俱佳的经典老片陆续上线B站。这一举措让许多苦于没有会员而无法在视频平台观看电影的用户喜出望外,纷纷入驻B站。

随后的"浪潮三部曲",都是现象级的"出圈"营销案例。首先是2020年的青年节前夕,《后浪》视频在CCTV-1黄金时间播出,在这个特殊的节日里,B站精准摸到了时代的脉搏,向广大青年传递了正能量。这也意味着B站在积极承担自己的社会责任,"出圈"之后,并不是一味地提供消遣,同时也在利用自己的影响力去做有意义的正向引导。

"演讲+剪辑拼贴"的创意形式,更贴合年轻人的审美;而在这次视频推广中,《后浪》的媒体发布名单多为主流媒体,影响力自然不容小觑,"出圈"也是必然。

其次是毕业季主题曲《入海》,在主题曲 MV 中,主人公毕业后追忆往昔,并展现了毕业后的现实生活,浅吟清唱的歌词声声入耳,温情十足。

最后是"浪潮三部曲"的终篇——《喜相逢》。看完《喜相逢》,我们才似乎真正看懂了 B 站。视频讲述了一个"老年 UP 主"的故事,用"喜剧+励志"的方式诠释了"B 站是一个学习 APP"的品牌定位。《喜相逢》中的主人公是一个在别人眼中行为怪异的人,但主人公不在意别人的看法,努力追求自己的梦想,改变了周围人对自己的刻板印象。事实上,这则故事映射了 B 站本身——"小破圈"正在努力走出自己的舒适圈,用包容的态度容纳更多元的用户与文化,也在努力改变用户对自己的固有印象。

回头看这三部曲的营销,《后浪》营造了高热度的"出圈"氛围,《入海》展现了一个有温度的企业形象,《喜相逢》则是达到了"出圈"的目标——让 B 站不在乎年龄,只在乎对于事物的兴趣的形象深入人心,环环相扣。

除此之外,B 站的线下营销也十分给力,电梯广告、地铁广告无处不在。虽然 B 站选择这种传统的线下营销方式令人意外,但其实也在情理之中——要想吸引尽可能多的"多元化"的用户,选择人流量最大的"广告区"自然是 B 站的不二选择。

UP 主准入门槛变低,变现渠道广

相较"出圈"前的 B 站,如今 B 站的准入门槛有所降低。记得身边有一个朋友,在 B 站还未"出圈"时想入驻 B 站做 UP 主,未曾想在注册时的答题环节就被平台"拦截出局"。后来 B 站进军主流文化圈后,朋友再去答题注册,已可以轻轻松松"过五关斩六将",可见,B 站答题环节难度的下降,的确能在一定程度上为平台带来一些新用户。

与此同时,B 站为了激发 UP 主的创作热情,鼓励更多优质内容的产出,还给 UP 主提供了更多的变现方式。B 站 UP 主的收入来源主要分为两类,如图 1-8 所示。

图 1-8　B 站 UP 主的收入来源

B 站 UP 主的变现渠道较多,在这种背景下,用户在选择视频变现平台时,B 站就变成了"香饽饽"。大量 UP 主涌入 B 站掘金,B 站也因此吸引到更多优秀 UP 主,有代表性的优秀 UP 主如表 1-2 所示,集合到了更多优质内容,顺利"出圈"。

表 1-2　B 站各领域优秀 UP 主

领域名称	UP 主名称
游戏	老番茄
美妆	小豆蔻儿
军事	张召忠(局座)
科技	老师好我叫何同学
法律	罗翔说刑法
……	……

举个例子,B 站 UP 主"剑眉星目的码字君"是一名图书撰稿人,由于之前在天涯社区有过写小说的经验,所以常常在 B 站分享小说的写作技巧。刚开始运营账号时,由于经验不足,粉丝寥寥无几,经过一阵子

的磨合，他的视频质量直线上升，粉丝数量开始慢慢增长，视频的评论量也慢慢增多。短短几个月，"剑眉星目的码字君"的粉丝从0人增长至6700人，平台也开始给予奖励，变现之路指日可待。可以说，许多像"剑眉星目的码字君"一样的普通人，也能凭自己的"一技之长"，在B站轻松掘金，这也是B站频频"出圈"的原因之一。

1.2 B 站的独特商业价值

普通人想在B站上掘金，除了了解B站平台，还要了解B站的商业价值。

在过去，B站的游戏收入占总收入的80%以上，但随着B站的直播、增值服务、广告、电商及其他业务的崛起，游戏收入的比重逐渐下降。这并不意味着B站不重视游戏的发展了，而是B站其他方面的商业价值变得更高了。

那么，让B站商业价值变得更高的原因是什么呢？总结起来，主要体现在两个方面，一个是用户红利，另一个是品牌营销。

用户的高增长、高活跃、高黏性

相对于其他平台，B站虽然用户体量不是最大，但用户群体呈现高增长、高活跃、高黏性的特征，这三大特征成就了B站的高商业价值。

1. 高增长

自2018年B站赴美国上市后，B站的用户数量一直稳定上升，如图1-9所示，尤其是2020年第一季度，B站月活用户数量同比增长70%，实现突破。

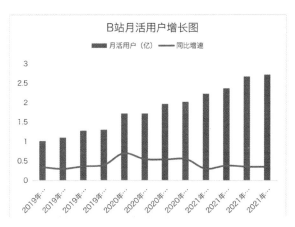

图 1-9　B 站月活用户增长图

伴随着用户数量的高速增长，B 站的商业营销也拉开帷幕。为了维护良好的社区氛围，B 站的营销较为保守，循序渐进地推出花火平台、"起飞计划"等商业变现模式。可以说，高增长的用户数量加上低密度的商业营销，共同形成了 B 站的流量红利窗口。

那么，这种流量红利会在 B 站维持多久呢？与月活跃用户均达 5 亿的爱奇艺、抖音相比，B 站的 2 亿月活跃用户远远未到增长的"天花板"。并且，从广告营收来看，B 站也远远不能与爱奇艺、抖音相提并论。所以，在用户规模和广告收入均未达到增长"天花板"的情况下，B 站的商业红利期还有相当长的一段时间。

2. 高活跃

在 B 站，我们常会看到这样的弹幕——"B 站人均有房"，该"梗"特指那些在 B 站视频里发弹幕很快、留言排名靠前的用户像是住在 B 站一样，无论 UP 主何时发布内容，这些用户都能马上用弹幕、评论、投币、收藏、转发的形式与 UP 主互动。

B 站 2021 年 Q2（第二季度）财报显示，第二季度 B 站月活跃用户为 2.37 亿，社区月均互动数约为 73 亿，同比增长 39%，这相当于第二季度每个用户每天产生约 1 次互动。

B 站用户这么喜欢互动与 B 站的弹幕文化有关。有人说，在 B 站上看视频"无弹不欢"，弹幕作为一种语言符号，它能让用户在主动发送弹幕的过程中获得强烈的归属感。

例如，B 站发布的《喜相逢》视频中，开头迎来了几乎满屏的"哔哩哔哩（ °-°）つ口干杯~"的互动，如图 1-10 所示。这种互动既表达了用户对 B 站的热爱，致敬 B 站用心推出的《喜相逢》视频，也体现了用户对 B 站的强烈归属感。

图 1-10　《喜相逢》视频弹幕

3. 高黏性

B 站对用户的注册设置了一定门槛，即用户要想成为 B 站正式会员，拥有发送弹幕的权利，首先得通过 B 站设置的答题测试。B 站 2021 年 Q2 财报显示，截至 2021 年 6 月 30 日，通过考试成为正式会员的 B 站用户，在第 12 个月的留存率已连续三年超过 80%。更令人吃惊的是，10 年前注册的用户，如今仍有 50% 在 B 站活跃。由此可见，用户对 B 站有很高的忠诚度。可以说，拥有高黏性粉丝的 UP 主，基本不用担心自己的粉丝会流失。

高增长、高活跃、高黏性的用户群体，可以让 B 站的商业变现能力远远强于抖音。未来，B 站的商业潜力是巨大的，当 B 站拥有与抖音相同的用户流量后，一定可以一骑绝尘，后来居上。

企业蓝 V 品牌和个人品牌的营销利器

"0 糖 0 卡""网红饮料""伪日系"……如果你对饮料行业的"黑马"元气森林气泡水的印象还停留在这些词条中,那你的信息更新速度已经落后于这款气泡水的"膨胀速度"了。

在 2019 年的跨年晚会上,才成立 4 年的元气森林从众多"金主爸爸"中脱颖而出,成为这场晚会的冠名商。

"你敢不敢?"这是元气森林向 B 站用户发出的挑战,但对于元气森林的创始人唐彬森而言,元气森林在 B 站上走的每一步,都很敢。

申请蓝 V 账号、邀请品牌代言人、与 UP 主"梦幻联动"、灵活植入、深度捆绑、冠名晚会,元气森林在品牌 IP 矩阵的打造上持续曝光引流。这一系列在 B 站进行的品牌营销,为元气森林带来了巨大的流量。

在 2020 年 12 月中旬,仅有 2000 多个粉丝的元气森林,通过运营,一个月后粉丝数量上涨至 100 多万,这一成功的营销,直接提升了元气森林产品的销量。

企业看到了 B 站的营销优势,开始在 B 站收割红利。

事实上,B 站确实是企业品牌不容错过的流量洼地。从《B 站品牌蓝 V 运营研究报告》[1]中我们可以看出,截至 2021 年 1 月 25 日,B 站蓝 V 群体已涉及 8 大行业,506 个品牌,B 站上已有 710 个蓝 V 账号,数据还在持续增长。

对于企业品牌而言,B 站拥有三大营销优势。首先是 B 站主题用户"Z 世代"成为新时代的消费主力;其次是 B 站具有互动、共创的社区文化特征,品牌入驻 B 站后有利于与用户建立信任,进行深层次的沟通;最后是品牌可以借势 B 站的破圈红利,与 B 站互惠互赢。元气森林正是看到了 B 站的这三大营销优势,才选择以 UP 主的身份入驻 B 站,打开销路。

除了企业品牌,个人品牌也可以借力 B 站,如众所周知的"无穷小

---

[1] 由蓝色光标数据商业部出品。

亮的科普日常"（以下简称"无穷小亮"）。

"无穷小亮"何许人也？他是《国家地理》杂志社青春版《博物》的副主编，《中国国家地理》融媒体中心主任，本名张辰亮。张辰亮2019年入驻B站，在B站深耕科普领域，截至2021年8月24日，张辰亮已吸引了527.7万粉丝，视频播放量高达3.5亿。

"下回攒够一拨视频，再给大家鉴定网络热门生物"，这是张辰亮在视频中经常说的一句话。在发布的视频中，张辰亮应广大网友要求，"鉴定"（辨别）网络上的热门生物，并将鉴定内容科普给B站用户，深受用户欢迎。

由于逐渐"出圈"，张辰亮的一些动图被粉丝做成了表情包，因其脸部特征与藏狐相似，被亲切地称为"狐主任"。自此，"藏狐"似乎成了张辰亮的人设，一有藏狐的表情包，粉丝第一时间就会想到"无穷小亮"。

除此之外，"无穷小亮"在B站最热门的梗便是"水猴子"了。B站用户经常拿着画质模糊的照片来问"无穷小亮"照片中的是不是"水猴子"，随着这类问题的增多，"无穷小亮"便专门在每期科普视频中添加了"水猴子时间"，为B站用户科普"水猴子"。于是，我们可以看到"无穷小亮"的视频里有"电脑CG做水猴子""普通光头男水猴子""落水狗版水猴子"等辟谣。可以说，"水猴子"成了"无穷小亮"个人IP中不可缺少的品牌符号。

在瞬息万变的市场环境下，品牌营销已然成了一个"热词"。无论是企业品牌还是个人品牌，都可以像以上品牌一样，借助B站这个营销利器来破圈。越来越多的企业品牌和个人在B站开启了"抢夺Z世代"的大战，对于还未入驻的企业品牌和个人品牌而言，此时再不进军B站，更待何时？

1.3 B 站与其他视频平台的对比

视频平台如此之多，为什么我们一定要选择 B 站？B 站与其他视频平台有什么区别？

2013 年，彼时游戏区的知名 UP 主"老番茄"还是一个高中生，面对众多自媒体平台，他果断选择了 B 站。入驻 B 站后，老番茄不断摸索，用心输出内容。在繁重的学业压力下，他并没有退缩，而是抽时间坚持自己的梦想。

最好的关系，莫过于互相成全。8 年时间，正是因为这份坚持与勤奋，他在 B 站创造了属于自己的风景，成为 B 站第一个拥有千万粉丝的 UP 主。而这一切，都归功于他最开始的正确选择——入驻 B 站。

与老番茄拥有相同经历的 UP 主有很多，他们都在互联网时代，自媒体平台层出不穷的情况下，毅然选择了 B 站，并靠自己的努力在 B 站实现掘金。如今，越来越多的网站、APP 进入我们的视野，特别是抖音、微信视频号，以及与 B 站性质相似的视频网站，都涌入了互联网时代的流量池。在巨大的流量池中，普通人要想分得一杯羹，必须擦亮眼睛，对比各大平台，选择最适合自己的掘金平台。

在此，我们对传统视频网站、抖音、微信视频号与 B 站进行了对比分析。

B 站 vs 传统视频网站："短打" vs "长胜"

网络时代，在手机、电脑等客户端观看电影、电视剧是一件再寻常不过的事情。在所有视频网站中，爱奇艺、腾讯、优酷被称为"三巨头"，QuestMobile 发布的《2021 中国移动互联网年度大报告》显示，爱奇艺 2021 年 12 月 APP 月均活跃用户高达 4.81 亿，腾讯视频为 4.45 亿，优酷视频为 2.4 亿。

事实上，B 站也属于视频网站，但又与传统视频网站大有不同。此处以腾讯视频为例，B站与腾讯视频的区别如表1-3所示。

表1-3 B站和腾讯视频的区别

区别项	B站	腾讯视频
标语	你感兴趣的视频都在B站	不负好时光
用户偏好	偏实用性	偏娱乐性
热播剧储备量与播放量	略低	高
热剧题材	多元化	"头部"效应明显
热播影片类型	日本影片	国产影片
内容形态	中长视频（10~15分钟）、短视频（5分钟以下）	长视频为主（30分钟以上）
视频展现尺寸	9:16（竖屏）、16:9（横屏）	原始比例、16:9、4:3、铺满窗口
创作者生态	粉丝分布相对均衡	粉丝分布较为集中
用户画像	ACG爱好者，年轻用户	25~35岁的用户群体比重较大，用户年龄分布较为均衡
变现方式	平台提供（花火平台、充电计划等）；个人变现（商务合作、自营店铺引流）	通过平台认证，获得平台奖励
用户黏性	基于兴趣，黏性高	基于影视，黏性低
竞争格局	"一枝独秀"	"三分天下"（爱奇艺、腾讯、优酷）
广告形式	信息流广告	贴片广告

在活跃人数和全网渗透率上，B站不及传统视频网站，B站的UGC内容需要消耗UP主大量的时间和精力，无法保证持续稳定的输出。三大传统视频网站依靠会员广告直接获得收益，B站由于贴片广告的限制，

必须发展多元业务获取新的盈利点来维持生存。

与传统视频网站相比，B站走的是"小而美"的路线，其视频内容多为自制或者由UP主提供；以腾讯视频为代表的传统视频网站内容多源自外购。与此同时，传统视频网站在吸引用户时，采取的是"广撒网"的方式，B站却十分有针对性，针对"Z世代"的喜好，对网站的内容和服务进行规划，形成"短而精致"的内容生态，形成良性循环。

例如，B站UP主"朱一旦的枯燥生活"就是靠"短打"在B站上火起来的。从内容类别的定位来看，"朱一旦的枯燥生活"定位是目前备受内容生产商青睐的情景短剧类小视频，视频时长都较短，但内容高级又深刻。

2020年2月12日，朱一旦发布了一条长度仅为3分12秒的短视频——《一块劳力士的回家之路》，火遍全网，这条视频被网友称为朱一旦的"封神之作"，视频发布的当天就被推上了B站热门，一度冲击B站全站排行榜第1位。在这短短的3分12秒中，朱一旦巧用反讽的手法，讲述了黑心商人倒买倒卖口罩的荒诞故事，紧追当时热点，深受用户喜爱。

B站和传统视频网站的最大区别在于视频的长短，虽然相较抖音、快手而言，B站是以长视频为主，但与传统视频网站相比，B站还是"短打"。因此，从目前的发展趋势来看，擅长长时间影视制作的创作者更适合在传统视频网站发展，擅长制作"小而美"视频内容的创作者更适合在B站发光发热。

B站vs抖音：文化社区vs音乐短视频社区

被称为"装机必备"的APP抖音，在2016年9月正式上线后一路突围，成为当下最炙手可热的营销平台。2021年抖音Q1（第一季度）财报显示，抖音日活数据峰值约7亿，平均值6亿+。这意味着每天都有超过一半的网民在使用抖音。

然而，当B站频频"出圈"，存在感越来越强时，不少人开始思考这样一个问题：B 站和抖音谁更有前景？

在回答这个问题之前，我们先来看看两款 APP 的区别，如表 1-4 所示。

表 1-4　B 站和抖音的区别

区别项	B 站	抖音
标语	你感兴趣的视频都在 B 站	记录美好生活
内容形态	中长视频（10～15 分钟）、短视频（5 分钟以下）	短视频（15s、60s）、直播、图片、影集
推荐机制	去中心化、关注订阅＋算法推荐	中心化思想、注重培养 KOL，鼓励用户不断创造优质内容
视频展现形式	竖屏半屏式、横屏沉浸式	单列全屏沉浸式
视频展现尺寸	9:16（竖屏）、16:9（横屏）	9:16（竖屏）
创作者生态	粉丝分布相对均衡	头部 KOL 粉丝集中度高
用户画像	ACG 爱好者，年轻用户	用户男女比例均衡，以年轻人群为主
变现方式	平台提供（花火平台、充电计划等）；个人变现（商务合作、自营店铺引流）	平台主导的变现方式，如抖音小店、信息流广告
引导关注	点赞、投币、收藏（一键三连）	点赞、评论、转发

如果说抖音像互联网"电视"，那么 B 站就像是青年生活的娱乐学习刊物。前者以娱乐导向为主，音乐短视频居多；后者内容更多元，是内容丰富的文化社区。如今，抖音已是国民流量平台，B 站还处于发展的过程中。

以"鬼畜文化"的代表伊丽莎白鼠为例，迄今为止，在 B 站"鬼畜"区 UP 主榜单上，"四大欠王"中的伊丽莎白鼠依然稳居第一。

可以说，伊丽莎白鼠的账号，就是"鬼畜文化"爱好者的社区聚集地。

截至 2022 年 3 月 14 日,伊丽莎白鼠的粉丝数高达 650.7 万人,一个月内视频平均播放量为 738.2 万,平均点赞数为 75.1 万,平均弹幕数为 1.7 万。

如今抖音的流量更大,更新迭代更快,普通人火出圈可能就是一夜之间的事情,但也可能快速没落,随机性较强。相较而言,UP 主在 B 站发展起来的速度较慢,但 B 站更稳定性,变现能力更强,只要有了忠实关注者,就会拥有稳定的转化率。

B 站 vs 微信视频号:学习场景 vs 工作场景

2020 年 1 月 22 日,微信视频号正式启动内测,一个腾讯旗下人人都可以创作的短视频内容平台诞生。从上线到迭代至今,微信视频号生态已基本构建完成。身为腾讯副总裁张小龙的"亲生血脉",微信视频号从推出之时便备受关注。

因为背靠微信,视频号不到两年便日活 4 亿,"杀出"短视频行业重围。越来越多的人入驻视频号,成为创作者。通过内容创作与运营,一大批视频号创作者爆火,如情感频道的夜听刘筱、财经自媒体何青绫等。

在过去,市场上一直缺乏适合品牌持续进行内容生产和社交关系沉淀的视频平台,视频号和 B 站的出现,填补了这个空缺。那么这两者之间究竟有什么区别呢?两者的不同如表 1-5 所示。

表 1-5　B 站和微信视频号的区别

区别项	B 站	微信视频号
标语	你感兴趣的视频都在 B 站	记录真实生活
内容形态	中长视频(10～15 分钟)、短视频(5 分钟以下)	短视频(3s~60s)、中长视频(15~30 分钟)、图片
推荐机制	去中心化,关注订阅+算法推荐	去中心化,社交推荐+个性化推荐

续表

区别项	B 站	微信视频号
视频展现形式	竖屏半屏式、横屏沉浸式	单列半屏沉浸式、单列全屏沉浸式
视频展现尺寸	9:16（竖屏）、16:9（横屏）	6:7、9:16
创作者生态	粉丝分布相对均衡	公众号作者、抖音快手 KOL
用户画像	ACG 爱好者，年轻用户	微信用户
变现方式	平台提供（花火平台、充电计划等）；个人变现（商务合作、自营店铺引流）	公众号、朋友圈、直播等多种变现方式相结合的商业生态圈
引导关注	点赞、投币、收藏（一键三连）	更鼓励关注
消费场景	泛娱乐＋学习场景	泛娱乐＋工作场景

B 站拥有全网最年轻的优质用户，稳定的变现结构与超强的用户黏性使 B 站流量收益可观，能为 UP 主带来很高的商业价值，这一点是尚未满"两岁"的微信视频号所不能企及的。

与视频号相比，B 站最大的"撒手锏"是切入了学习场景，而视频号则切入了工作场景。在视频号里，我们可以通过微信好友的关系链接到领导、客户及同事，通过刷视频来维护我们的工作关系；而 B 站更倾向于提供知识类干货，用户可以找到非常多技能教学视频，跟着 UP 主一起学习。

以知名 UP 主"YouTube 听力精选"为例，其视频特点是根据国际热点来选择视频，如当华为处于"风口浪尖"时，UP 主发布了《【任正非最新霸气专访】我每天洗澡，清清白白，无须跟美国证明什么》的英文版视频。视频的配音清楚，英文流畅，十分适合作为英语听力材料。

于是，观看该视频的用户，既能在闲暇之余了解时事热点，也能跟着视频进入学习场景，练习英语听力，可谓"一箭双雕"。

事实上，学习型社区的B站与微信视频号在内容偏好上有众多重叠之处，相较其他短视频平台，微信视频号和B站内容门槛更高，知识类、学习类的内容深受用户欢迎，可见，在未来，视频号或许才是B站真正的对手。

无论如何，随着视频领域市场的扩大，在未来几年里，B站必定是一个巨大的"风口"，普通人需要抓住"Z世代"红利，抓住B站"出圈"的利好趋势，增强自己的核心竞争力，掘金B站！

第 2 章
B 站上那些好玩的 UP 主都是怎么火起来的

B 站有 15 个分区,几乎每个分区都有"火出圈"的 UP 主,如罗翔说刑法、硬核的半佛仙人、老师好我叫何同学、我是郭杰瑞、老番茄、周六野 Zoey、绵羊料理等。他们的个人风格明显,内容独一无二,了解这些 UP 主的涨粉技巧,能够帮助新人 UP 主更好地进行内容创作,掘金 B 站。

2.1 罗翔说刑法:2020 年 B 站涨粉最快的 UP 主(知识类 UP 主)

如果你最近逛过 B 站,大概率已经看到过账号名为"罗翔说刑法"的视频。

"罗翔说刑法",虽然这个名字乍一看透着一股淡淡的年代感和沧桑感,有点像"80 后"记忆中的"古早"电视普法节目《小撒说法》。这样的账号名表面看起来与 B 站文化大相径庭,但如果你点开"罗翔说刑法"的任意一个视频,就会跟笔者一样,边笑边看,边看边笑,看完了还想看,根本停不下来。

这种现象,用"罗翔说刑法"里满屏的弹幕来说,叫作"上头了"。

"罗翔说刑法"的UP主真名叫罗翔,他是中国政法大学的教授,现任中国政法大学刑事司法学院刑法学研究所所长,2008年入选法大历届"最受本科生欢迎的十位教师",2018年入选法大首届研究生心目中的优秀导师。

这些听起来有些古板的头衔,让没有看过罗老师视频的人半信半疑:一个讲法律的老师能有多火?

2020年3月9日,罗老师把自己的刑法课"搬"上B站,入驻B站的第一天就成为百万UP主,创造B站增粉速度记录。罗老师在B站发布的第一个视频的截图如图2-1所示。

图2-1 罗翔在B站上发布的第一个视频

截至2022年3月15日,罗老师在B站上的粉丝数已达到2191.6万,成为目前B站上最火的UP主之一,是哔哩哔哩2021年百大UP主、2020年年度最高人气UP主,被粉丝称为"法律界的郭德纲"。

罗老师之所以圈粉无数,和其日推的"法律段子"密切相关。

封面、标题吸睛,引发用户好奇心

罗老师还没有入驻B站时,他的身份是厚大法考[1]刑法独家授课老师。很多B站的UP主经过厚大的授权,将罗老师课堂上的经典内容剪辑出来放到了B站上,获得了很高的播放量,之后罗老师才自己入驻,成为B站UP主。

接下来,我们从罗老师的视频封面、标题来分析其"出圈"理由。

1. 封面逐步改版,贴近B站文化

点开罗老师入驻B站前期的视频,其视频封面大多使用蓝色背景,封面文字使用的大多是醒目的红色、黄色字体,同时,在文字的排版上突出了吸引人的关键词,比如狗咬人、诈骗等,很吸引"吃瓜群众"的眼球。

到后期,罗老师对视频的封面图片进行了优化,从一开始的蓝色背景+半身照,逐渐变为用生动的肢体语言做封面,再到把自己的脸PS到别人身体上制造喜剧效果。视频封面的改版使得罗老师的调性一步步贴近B站文化,吸引了更多B站用户成为其粉丝。

罗翔的封面"进化史"如图2-2所示。

2. 标题引发用户好奇心

在B站上看罗老师的视频是想学法律知识吗?

当然不排除这种因素,但是罗老师在B站"出圈",靠的大多是将晦涩难懂的法律知识讲成段子的能力。

这从侧面反映出最开始吸引"路人"打开罗老师视频的关键,在于视频的标题吸睛,如图2-3所示。在B站这个极其喜欢玩梗的平台,有趣才是吸引用户的第一因素。例如,"母亲妻子前妻女友同时落水,你该救谁?"这个问题本身就是一个梗,如果放到法律层面来解释,很容

---

1 厚大是指北京厚大轩成教育科技股份公司,是一家进行司法考试培训的网络培训公司。

易勾起用户的好奇心。这些清新脱俗的视频标题,打开了年轻人百无聊赖的生活中的"潘多拉魔盒",让人带着好奇心点进去,带着笑容看下去。

图 2-2　罗老师在 B 站的三次视频封面改版

图 2-3　罗老师在 B 站发布的视频标题

人设塑造紧跟热点，引发弹幕互动

既然罗老师的视频内容定位在"说刑法"，那么必然离不开举例。可以肯定的是，罗老师的火始于自身的幽默感，经常和粉丝玩梗，但当他的梗密度下降之后，粉丝的热情却丝毫没有消退，其原因如下。

1. 人设塑造

在B站上，罗老师大部分的梗或者有趣的点都集中在"法外狂徒"张三这个人物上。

为了让张三成名，罗老师让张三在自己的案例中犯了很多奇怪的罪行，他是入室行窃的小偷，也是离异再婚的父亲，他可以租个挖掘机挖走ATM机，也可以在越南一枪打死中国的猪……

举个具体的例子。

- 张三娶了媳妇办了酒席，但是没领证。后来去北京打工，情商高，董事长就希望他能做自己的姑爷，于是他就和董事长的女儿办了婚礼还领了证。后来原配知道了，也要和张三领证，这个应该怎么判？

- 张三在街上看到一个美女，刚巧从美女身上滑落了一个遥控器。张三捡了起来刚准备还给她，却见她满脸紧张，娇羞地看着他。张三朝她会心一笑，兴奋地按下按钮，结果旁边的地铁站爆炸了，请问张三什么罪？

- 张三来到了一个城市，觉得这个地方的树木郁郁葱葱，和自己家乡有很大差距，为了让树木茁壮成长，张三不停地给树木浇水，见到一棵树就浇，最后把树给浇死了，那么张三犯了什么罪呢？

频繁出现的张三，其行为令人瞠目结舌，但这一虚构人物的出现，也恰恰说明了现代社会中人性的复杂和法律量刑的难度。

为了知道张三和故事中的其他人物是否犯罪，我们一定会想把这个故事看完，在知道故事结局后，又会学到相关的法律知识。张三已经变成了罗老师视频内容的IP，可以把不同视频内容串联起来。在某种程度上，张三就是统一罗老师个人风格的纽带。

"张三"人设火了之后，本身也成为 B 站的一个梗，B 站上很多喜欢玩梗的人就将用户名注册为与"张三"相关的内容，如图 2-4 所示。

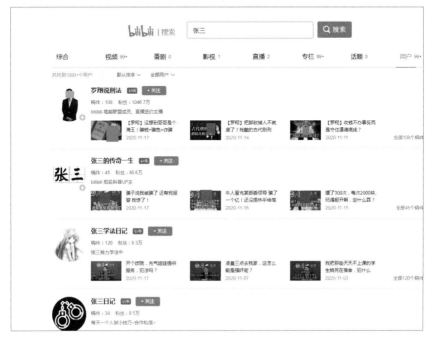

图 2-4　B 站上的"张三"

在百大 UP 主颁奖台上，罗老师依然拿"张三"幽默了一把，他说："如果您真的叫张三，我向您道歉。但是对于每个人而言，我们都要约束我们自己内心的'张三'。"

不出意料，"我们要约束自己内心的张三"这一词条冲上热搜，罗老师也借此对张三的人设塑造进行了升华。

2. 紧跟热点

罗老师把"紧跟热点"这一技巧运用得炉火纯青，如"高压锅恐惧症？《开端》中的法律问题""让学生呕吐、让校长落泪的'营养午餐'犯了什么罪？"不仅在人设塑造上紧跟热点，还能把热点巧妙地植入自己的内容，表达自己的观点，输出法律知识，如图 2-5 所示。

图 2-5　罗老师在 B 站上的紧跟热点的视频内容

与罗老师这种自带流量的大 V 相比，很多普通 UP 主要想紧跟热点，首先要判断热点值不值得追。热点事件的判断标准如图 2-6 所示。

图 2-6　热点事件的判断标准

从事件属性来看，一个热点事件是否具有话题性和传播性，是 UP 主判断其值不值得追的重要标准。如"张玉环案"事件传播范围广，话题讨论热度高，并且与罗老师的账号内容有关联性，所以罗老师追这个热点是成功的。

同时，UP 主还要判断热点事件是否过时，如 5 月出来的时事热点，一般情况下到 6 月就不值得追了。

最后，UP 主还要评估热点事件的回报率，考虑追这个热点所要花费的成本、产生的收益，以及可能带来的风险等。

那么罗老师又是如何将热点视频做到极致的呢？

以"张玉环案"相关视频为例，罗老师这一条追热点的视频堪称典范，该视频在 B 站上有 600 多万的观看量，获得了 80 多万的点赞。名气不如罗老师的普通 UP 主，也可以借鉴罗老师追热点的技巧，轻松实现涨粉。

首先，在热点选取上，罗老师选取了 2020 年 8 月轰动全国的"张玉环案"。2020 年 8 月 4 日，江西省高级人民法院宣告入狱 26 年的张玉环无罪，2020 年 8 月 7 日，罗老师就更新了长达 12 分钟的视频，对这则新闻背后人们关心的法律问题做出了分析与解释，从时间上来看，罗老师追热点的视频抓住了热点的时效性。

同时，在视频简介中，罗老师用极其简练的一段话概括了热点的中心思想，抛出了背后的法律问题：

张玉环案令人唏嘘，在接受记者采访时，张玉环表示自己曾遭到过刑讯逼供，被逼问了 6 天 6 夜，甚至还被放狼狗撕咬，张玉环希望追究相关人员的责任，如果刑讯逼供的事实成立，这种犯罪还会被追究吗？

再来看视频内容，罗老师开门见山，带着自己的思考引出热点：

各位同学大家好，相信大家这几天和我一样都非常关注张玉环案，张玉环入狱 26 年，终被无罪释放，是迄今为止被羁押时间最久的申冤人，所以你就会发现生活远比戏剧更荒诞与沉重。

随后罗老师对整个事件的来龙去脉做了详细解说，让更多用户了解这个热点事态：

1993 年 10 月 24 日，江西某地有两名儿童被杀害，三天之后，邻居张玉环就被警方定为嫌凶。在被带走后的 11 月 3 日和 11 月 4 日，张玉环做出了全案仅有的两份有罪供述。在第一次开庭时，张玉环还辩称冤枉，说是公安机关屈打成招，但一审法院最终判处张玉环死刑缓刑两年……

讲完张玉环的故事后，罗老师贴出张玉环与前妻宋小女相见的视频，并加以解说，让用户与热点事件产生情感共鸣。

在之前的采访中,宋小女一直说张玉环欠她一个拥抱:"他欠我一个拥抱,这个抱我想了好多好多年,从他走我总想抱,到看守所,我去看他,也没有抱。"很多朋友和我一样都想起了一首凄美的诗句:"执手相看泪眼,竟无语凝噎"……

听完这一段话后,用户纷纷发送弹幕,对张玉环和宋小女的故事表示同情,张玉环案视频弹幕截图如图2-7所示。

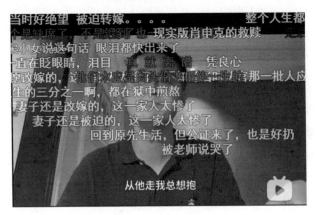

图 2-7 张玉环案视频弹幕截图

在做完这一系列介绍后,罗老师挖出了这个热点背后最受人关注的法律问题,那就是如果张玉环案刑讯逼供的事实成立,这种犯罪还会被追究吗?开始针对这一法律问题谈自己的看法:

在不少类似案件中,即使认定刑讯逼供的存在,司法机关都会因为刑讯逼供已过追溯时效而不再追溯,但我认为这种做法不一定符合法律的规定,根据刑法247条的规定……

在视频中,罗老师对各个机关"踢皮球"导致公民无法对损害自己利益的犯罪进行追溯的行为进行了谴责,并对热点事件中刑讯逼供的行为进行了总结与升华:

为什么培根会告诉我们,一次犯罪不过是污染了水流,而一次不公正的司法却污染了水源?问渠那得清如许,为有源头活水来,希望我们的司法人员能够真正转变观念，尊重程序正义，自觉地远离刑讯逼供，同时也能对刑讯逼供重拳出击，只有正本清源，才能保证司法源头的清澈。

这一段总结升华被用户称为"满分作文"，让整个视频尽显正能量，同时也让用户在学习法律知识的同时，获得了思想的熏陶。

3. 注重弹幕互动

互动视频是 B 站的新潮流，用户在观看视频时需要回答一些问题才能继续观看，这一功能颇具娱乐性，十分符合 B 站的调性。罗老师在视频中列了两个选项，如图 2-8 所示。

图 2-8　弹幕选项互动截图

罗老师开门见山地将"投币""点赞"的招牌直接挂在了脸上，用户被罗老师的这一操作给逗乐了，纷纷在弹幕留言与吐槽，如图 2-9 所示。

从弹幕互动中，我们也能看出罗老师心态的转变。在很多人印象中，刑法学的教授大多较为古板，但罗老师擅长打破人们的刻板印象，很快适应了 B 站的风格，与用户"打成一片"。

罗老师原来的目标用户群体是法律专业的学生或其他有法律学习与运用经验的用户。这类目标用户有一个共性：有思想、有些许法律基础、有自己的观点。所以，罗老师通过人设塑造、紧跟热点与弹幕互动，引导用户思考，而不是照本宣科地讲解法律知识点。风趣幽默，将知识融入有意思的故事进行讲解，更容易引导学习者进行思考。

图 2-9　弹幕截图

"单口相声"般的刑法解说内容

罗翔短时间内在 B 站吸粉千万最大的原因就是他幽默风趣、深入浅出的单口相声般的刑法解说。《中国新闻周刊》分析罗老师持续受欢迎的原因是"外皮是喜感的口音,搞笑的例证;内核则是在多年的实践和思辨中寻求真理,催人上进,成为内容产业中的一股'清流'"。

"单口相声"般的解说往往能让用户在学习专业知识的同时,也获得乐趣。所以,工作空闲之余,我会津津有味地观看罗老师的视频内容,在精进法律知识的同时,他的视频也可以带给我乐趣,以此缓解工作压力。

在这个过程中,我逐渐领悟了罗老师的"单口相声"成功的秘诀。

1. 丰富的肢体语言 + 具有辨识度的湖南口音

罗老师每次讲课时都有着丰富的肢体语言,如图 2-10 所示,不仅手会情不自禁地摆动,讲到激动之处,全身都会跟着动起来,这一举动看似漫不经心,却为罗老师增添了人格魅力。

哈佛大学和哥伦比亚大学的心理学研究人员发现,如果一个人在说话时做出有力的手势,就会更自信、更有力量,同时这种情绪也会感染到其他人。图 2-10 中罗老师在说到某一要点时举起双手,对结果表示无奈,给用户留下了深刻的印象。

图 2-10　罗老师丰富的肢体语言

罗老师讲课时带有微微的湖南口音,慢悠悠的语速加上很多语气词、拟声词,让很多人觉得看罗老师讲课像在听相声。

2. 互动提问

在罗老师的视频里,他会主动和粉丝互动,如他会问粉丝"很多时候网络喷子是在吵架,吵架要讲逻辑吗?"这样具有强互动特点的问题,会引发弹幕上满屏讨论,无形中增加了粉丝的黏性,同时也为视频增加了不少的弹幕量。在 B 站,弹幕越多,视频热度就越高,越容易被置于首页推荐,视频也会更火爆。

3. 内容段子化,有趣有料

罗翔本身是一位刑法课老师,我们可以大致回顾一下近些年的"网红老师",形成了比较大且长久的社会影响力的人其实非常少,大多数只是一些大学讲师偶尔在网络上走红的授课片段。

这些走红的老师有许多共同特点,如课堂有趣、善于使用最新的语言表达方式等,又或者可以概括为段子多、会玩梗、性格和善等。在新的媒介形式中走红的教师,受到人们关注乃至喜爱的,往往正是这种超出了课程本身的形式上的讨喜。

毕竟,把内容段子化,使课堂有趣又有料的老师从来都是受欢迎的。比如在罗老师的刑法课堂上,他就讲过下面这则颇有趣味的故事。

冬天，一位妇女在半山腰骑着自行车遇上歹徒了。歹徒见色起意，妇女一看四处无人，求救无门，所以假装同意，但要求去一处比较"平坦"的地方。歹徒很开心，然后就找了一片平坦的冰面。妇女说："那你脱衣服啊。"歹徒愉快地照做了。

于是，趁着歹徒脱衣服蒙住眼睛的空当，妇女一脚把歹徒踹到了粪坑里。歹徒好不容易爬上来，妇女又一脚踹下去。爬上来，踹下去；爬上来，又踹下去。N个回合后，歹徒被淹死在粪坑里……

讲完案例，罗老师开始发问：

大家觉得这个妇女属于正当防卫还是属于事后防卫？当年这个案件引起了很多争议，有人说踩第一脚叫正当防卫，但踩第二脚和第三脚就叫事后防卫。

同时让学员将自己代入故事中的情景，频出金句：

各位同学想一想，什么叫危险排除？你把你自己代入一下，如果你是这个女的，你会踩几脚？是不是不仅会将歹徒踹下去，还会拿块砖头去拍他？不过也要小心不要把粪溅到自己身上了。

最后得出结论，引人深思：

这其实就是一般人的防卫处理，所以我们在评判某一件事情时，要换位思考，以当时的情况进行判定，要以一般人的标准去看待案件，而不是以上帝角度去看待，我们都是普通人。所以最后这个案子被判正当防卫。

这个段子让原本晦涩难懂的法律条文顿时鲜活起来。用户看完罗老师的视频后，不仅收获了听段子的愉悦，还收获了知识，这两种心情加在一起，"追番"的心情也就越发迫切。我们再来看看下面这两则内容。

有个精神小伙，等女朋友的时候很无聊，随便拍了一下ATM机，没想到，ATM机吐出来100块钱。小伙又拍了一下，结果ATM机又吐出来100。小伙越拍越来劲儿，站那儿拍了300多下，ATM机也很给力，一共吐出来了3万多块钱。然后，就没有然后了。小伙因为盗窃金融机构被抓了。

罗老师把自己的"法律段子"与B站的梗文化充分融合。场景实验室创始人吴声曾在自己的《新物种爆炸：认知升级时代的新商业思维》一书中分析过这种现象：

> 新物种的爆发可以平移至任何平台，但平台自身的基因属性才是独一无二的……新物种与平台基因的深度融合、重组，才是此平台对于新物种的意义所在。

罗老师的课程内容中存在段子，这是"新物种"；与之对应的是B站用户喜爱的鬼畜文化及造梗文化，当新物种和这种平台基因进行融合、重组时，自然擦出了火花。

那么作为普通的UP主，我们又该如何像罗老师一样，将内容输出为段子呢？

首先要非常了解B站的梗文化，适当地使用网络词汇增强幽默感，同时博览群书，增加自己的知识储备，让人觉得你是一个与时俱进的人，这样用户才会愿意和你互动。

其次，善用生活中接地气的场景，用人物对话及讲故事的方法吸引用户，就像我们平时常看的脱口秀会用画面感来传递幽默一样。

再次，在讲述故事时，UP主可以在笑点前适当停顿，给用户一些时间来调整呼吸，制造紧张的氛围，然后再把笑点说出来，幽默效果翻倍。

最后，把最具笑点的词或梗放在结尾，让用户回味无穷，拍案叫绝。

需要注意的是，UP主在输出段子时，言语要张弛有度，不能过度嘲讽，否则会令人不适。

4. 内容专业

虽然罗老师最大的特点在于把法律内容段子化，但罗老师这种走红模式在B站很常见。比如之前的何同学、"局座"张召忠，都是用看似偏娱乐化、浅显易懂的方式，对专业知识进行解读。

所以如果只是单纯地讲段子，罗老师恐怕很难会有这么高的人气。

真正能让这样一位宝藏教授"吸粉"的关键，除了把知识当段子来讲，还有他以专业的态度去分析那些看似偏激，又在现实逻辑之内，且充满笑点的案例。

截至 2021 年年底，罗老师是 B 站涨粉最快的 UP 主，是第二位粉丝破千万的个人 UP 主。这也说明了，在现在这个娱乐至上的时代，人们还是更希望看到知识和真理。

罗老师擅长用感性的语言阐释最朴素实用的法律事例，他不仅可以拿"张三"举例，还可以随时引经据典，用古今中外哲学家的思想诠释"法"的精神。从康德的"人是目的不是工具"到罗尔斯的"无知之幕"，再到用古斯塔夫·拉德布鲁赫的理论解释为什么刑法有义务保护罪人……

跳出那些听上去枯燥乏味的法律条框，罗老师用自己那一套自成一系的人生哲学去诠释法理，传递他对法律、哲学的理解和支持，这也是罗老师于一众 UP 主中脱颖而出的重要原因。

仔细看看罗老师在 B 站投稿的视频，不管是"厚大法学"还是"罗老师法律小课堂"，选择的案例或者相关的法律知识，都并非严肃的专业知识，而是向我们这些未学习过法律的人普法。

罗老师在解释法律的同时，也输出了很多对人性的思考和对哲学的讨论。就像他在 B 站投稿的第一个视频中说过的，"不是炫耀我手中的贝壳，而是希望同学们看到贝壳后面的大海，是那么的广袤，是那么的美丽"。

看完罗老师的视频后，粉丝还会思考视频中提及的事件的意义，一位 B 站用户的评论如下。

老师，您的课以案例出发，讲解生动有趣，不仅对法学生有帮助，对我们这些其他专业的学生来说也有很大帮助。您在让同学们记住知识的同时，还拔高了主题，融入了您对法学的思考、对社会的思考。我们从您身上学到法律倡导的善和正确的价值观，无论对哪一代来说都是大有裨益的。

这条留言颇能反映出一些学生的感受。罗老师的视频满足了很多普通人对法学的好奇，受众人群不受限制。罗老师更希望有人能通过他的视频去思考人生的意义，如在"我们为什么要读书"这个视频中，他并不完全否定功利性读书，但是也认为更重要的是非功利性的读书。我特别喜欢他说的一句话："我读莎士比亚并不妨碍我听郭德纲的相声。"这也是罗老师成为B站最火的UP主之一的关键。

了解了罗老师成功的要点之后，我们现在来思考一下，普通人又该如何在输出专业知识的同时，深受用户的喜爱呢？

在这里，我们以UP主"芳斯塔芙"为例。"芳斯塔芙"是一个科普古生物知识的账号，力图将学术性极强的古生物知识传递给普通用户，仔细研究，可以发现其短视频内容具有以下两个特点。

第一个特点是解说生动有趣、通俗易懂。在"芳斯塔芙"的短视频中，地球的进化史仿佛一场神经喜剧，遥远的、充满神秘感的古生物也成为呆萌搞笑的"铁憨憨"。例如，"芳斯塔芙"在介绍棘皮动物时，是这样说的：

说到奇怪，怎么能不提这个星球上长相最诡异、演化的步伐最六亲不认的棘皮动物呢？棘皮动物是啥动物？不如就先拿我们最熟悉的棘皮动物海星举个例子！你看，一般自由运动的动物都是两侧对称的，海星却长成了个五角星，这种设定仔细想想真是匪夷所思，而且海星诡异的地方还不止这些……

轻松幽默的言语让用户在接受专业知识的同时，还能感受到趣味性。

第二个特点是"芳斯塔芙"喜欢在短视频中巧用各种配图或小视频，便于用户理解专业知识，如图2-11所示。

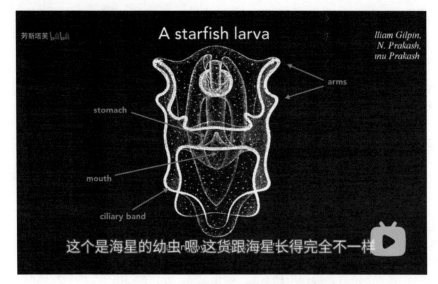

图 2-11 "芳斯塔芙"的短视频截图

通俗易懂、生动幽默的语言,再加上形象的配图与视频,使得一个"平平无奇"的 UP 主的视频获得了 400 多万的播放量。所以,世上无难事,只怕有心人,只要用心,普通人也可以在 B 站上将专业知识做精、做好。

2.2 硬核的半佛仙人:一期视频涨粉 60W+ 的创作者(知识类 UP 主)

"大家好,我是商业鬼才 / 逻辑鬼才 / 满肚子奇怪知识的半佛老师,是一个每天都在镜子前给自己磕头的硬核男人。"这是 B 站 UP 主"硬核的半佛仙人"每期视频开头的"硬核"自我介绍。

"半佛仙人"这个名字是"半佛"小学时自取的,起名灵感来源于李密庵的《半半歌》中的"心情半佛半神仙,姓字半藏半显"这句诗。这句诗也符合他那表面云淡风轻、内心有点张扬的气质。

最初听说"半佛仙人"这个名号是在知乎。从知乎到公众号再到 B 站，半佛仙人用短短两年的时间打造出了自己的自媒体矩阵。

截至 2022 年 3 月 14 日，知识类头部 UP 主"硬核的半佛仙人"已发布了 280 条视频，播放量最高达 1079.1 万，视频播放量均过百万。

为什么半佛仙人发布的视频这么有吸引力？在内容为王的时代，半佛仙人到底"硬核"在哪里？

降维普及，专业化内容下沉

不同于干货形式的知识科普类短视频，半佛仙人视频的内容定位并不是单纯地探讨知识点，而是进行硬核有趣的知识科普。

1. 采用大量形象化的比喻

单纯输出知识点干货，关注度并不会很高，深谙这一道理的半佛仙人在内容上采取了降维普及的方法，将复杂的知识用浅显易懂的语言讲出来，力求每位用户都能听懂。

为了让专业内容下沉，被更多的人了解，半佛仙人使用了大量幽默又稀奇古怪的比喻，这种接地气的叙事风格可以帮助用户更轻松地学到专业知识。

2. 玩"梗"

在讲解如何说服资本投资时，半佛仙人是这样解释的：

如何才能说服资本给你投资？很简单，资本投资，你本质上就是想找一个接盘侠把你买了，然后他赚钱。所以你就讲故事，你看这个市场它又大又圆，就像这张钞票它又长又宽，投资人一看你的 Freestyle So Cool，就会掏出 Money 来 Pick 你，让你 Fly in the sky。所以讲故事是很多互联网企业的核心竞争力……

用各种"梗"来介绍说服资本投资的关键——讲故事，既生动有趣，又通俗易懂。

将复杂的知识用简单、浅显的语言讲出来，是"见水平"的东西。

作为B站重度用户，半佛仙人熟知B站爱玩的各种"梗"，用口语化、幽默的语言风格拍出用户喜闻乐见的视频，进而充分融入B站的社区氛围，深受用户喜爱。

追热点，封面标题吸睛

半佛仙人十分"与时俱进"，无论什么类型的热点，只要具备时效性和话题性，他都能从自己的角度挖到令人意想不到的观点。

1. 追热点

好的选题常常能出爆款，半佛仙人的每期选题都有"爆点"，可以说，在"眼球经济"时代，半佛仙人对实时热点的精准把控，为其吸引了用户有限的注意力。

翻阅半佛仙人的视频，我们可以发现，其选题大多是围绕"为何川普漠视美国人命""企鹅大战老干妈三大关键问题""伸向孩子的手，必须被正义制裁"等受到大众关注的社会热点展开的。

那普通人又该如何像半佛仙人一样追热点呢？要想得到这个问题的答案，我们要先对半佛仙人追热点的方法进行分析。

半佛仙人会根据发生的热点事件衍生出相关话题，如关于房价涨跌的热点，半佛仙人会衍生出"年轻人是否应该尽早买房"这个较为现实的话题，并对其进行分析，给用户一些有价值的参考意见。

半佛仙人会制造反差，想别人想不到的话题，如"PUA[1]看似是收割女性，其实是收割男性"，当所有人都在说男性PUA女性时，半佛仙人却说PUA是在割男性的"韭菜"。

除此之外，半佛仙人还会复用一些热点元素。如在评论"炒鞋"这个热点事件时，由于"莆田鞋"是众所周知的假鞋，并且受过众多消费者的吐槽，因此半佛仙人对"莆田鞋"的吐槽算是一种复用。

---

1 本意为"搭讪艺术家"，后来泛指很吸引异性、让异性着迷的人和其相关行为。PUA造成对公民个人多项权利的侵犯，在国际社会是被禁止和严厉打击的行为。

2. 吸睛的封面标题

除了"狂追热点"外,半佛仙人视频的封面标题都十分有吸引力,如图 2-12 所示。

图 2-12 半佛仙人的视频封面

在以上截图中,我们可以总结出半佛仙人的视频标题的特点。

首先是都比较简短,大部分标题都在 10 字以内,能让用户在短时间内抓住视频内容的重点,并且字少便于排版,让封面看起来更美观、更直接。

其次是利用不同颜色的字体和设计来突出标题关键词,如上图中的"出人意料""识破智商税"等文字的颜色不同,就像我们在写作时会给部分观点加粗一样,突出显示想要表达的重点,从而吸引读者的注意力。

最后是网络词汇的使用符合 B 站的调性,如"猛男""土味羊毛党""水军"等词,这些具有"网感"的词汇出现在知识类视频的封面上,让 B 站用户更容易接受。

视角独特,反向解构

半佛仙人曾是一位风控从业者,也正是因为多年的从业经历,让他对很多社会热点事件有了行业内的认知。在天生的表达欲的驱使下,半佛仙人开始用自己的视角来对事件进行深挖与剖析。

在半佛仙人自己眼里,他是一个主观演讲型的创作者。他认为在如今的内容环境下,社会上的热点事件会引发大量同质化的观点,为了打破这种同质化的局面,半佛仙人很想做那个为用户"提供不一样视角"的创作者。

"大多数人看事物是线性的,我可能会反过来先看这些事物的缺点,以及它存在的风险。"这是风控行业从业者的惯性思维方式,也是半佛仙人为用户提供的"不一样的视角"。

可以说,当其他创作者在对同一热点事件做正向解构时,半佛仙人就会做反向解构。

例如,曾经引发热议的丰巢收费事件,有很多UP主发布视频谈丰巢的难处,但半佛仙人却反其道而行之,发布了《丰巢调价背后的快递价格战争》这条视频,全面为用户剖析了丰巢此次收费是"一次精妙的算计"。我们来看一下半佛仙人与其他UP主视频内容的对比,如表2-1所示。

表2-1 丰巢收费事件UP主视频内容的对比

	彭楠的创业故事	硬核的半佛仙人
标题	《丰巢:客户的问题,就是总喜欢把自己当上帝》	《丰巢调价背后的快递价格战争》
视频内容	商家自愿给你提供服务,你还真把自己当上帝了?你真以为把快递送到你手上,是你应得的合法权益啊……丰巢柜是无辜的……业主认为快递柜占用了小区资源,凭什么收费?这个问题很简单,丰巢与物业签的协议,每年要支付年租金,如果说有谁侵占了业主的权益,那也是物业……	本期视频我打算讲讲丰巢神奇操作的背后是怎样的决策逻辑,在本次分析中,我会从利益的角度来看待问题。在我看来,这次事件的本质,就是丰巢利用这个收费操作,倒逼快递公司和用户来承担成本,这是非常精妙的一步棋,进可攻,退可守,横竖都不会亏。用户的反弹也好,物业的反应也好,监管的警告也好,快递公司的操作也好,这一切都在丰巢的意料之中……

半佛仙人的这种反向解构为用户看待问题提供了新的视角,让用户能更深层次地思考问题,引发好评,如图 2-13 所示。

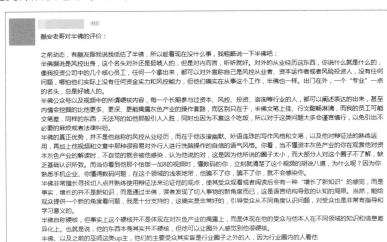

图 2-13 用户对半佛仙人的评价

事实上,反向解构就是从事态的另一面去思考问题,如果我们也像半佛仙人一样,擅于从事物的另一面去看待问题,那我们也能像半佛一样做"揭露者",让外行人也能"围观"各大行业内幕。

好方法沉淀用户流量

好内容还需要好的运营思路,只有做好运营,用户流量才能沉淀,UP 主的账号才能稳定发展。在账号运营上,半佛仙人的方法十分巧妙,值得我们学习,归纳起来,主要有以下两点。

1. 抽奖互动

半佛仙人每月都会在个人动态中进行一次抽奖,如图 2-14 所示,且时间固定在每月 10 号的 23 时 59 分。

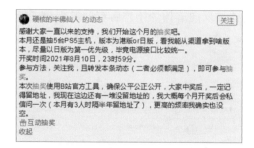

图 2-14 半佛仙人的每月抽奖

半佛仙人十分"宠粉",除了每月一次的动态抽奖外,他还会发起彩蛋竞猜活动,其中一条动态文案如下:

来来来,又到了大家最爱的彩蛋环节了,规则为,在本条动态留言区,留下你认为的这期视频的隐藏剧情/彩蛋/梗/内容暗线等,需要解释清楚前因后果,如果只是点出来,但是没有解释清楚或者解释错误是不算数的。我会在评论区依据发布时间进行筛选,最先答对的朋友(会获得)一个彩蛋(奖励)300元,明天公布答案,并私信给到代码。

这一方法"倒逼"用户仔细观看视频,找出彩蛋,发表自己的观点,与 UP 主互动。这种运营方法能在短时间内激活用户,颇有"半佛式知识付费"的特点。

2. 高频产出

半佛仙人作为知识领域 UP 主,产出能力很强,视频更新周期为 1~7 天。虽然视频更新周期短,但是半佛仙人视频的质量没有受到丝毫影响,甚至不断出现爆款。这一切都归结于他对待内容的用心态度及他丰富的知识储备。

在互联网时代,要想在 B 站长期走下去,不能只想一夜爆火,而是要有为做好内容在无数个日夜努力的恒心及毅力。

2.3 老师好我叫何同学：3 天涨粉百万的理工男（科技类 UP 主）

当 5G 还在国内不温不火时，一条名为《有多快？ 5G 在日常使用中的真实体验》的视频火了。这是由一名北京邮电大学大二的学生——连续两年上榜"bilibili 百大 UP 主"的何同学（原名何世杰）所创作的，在 B 站上这条视频截至 2022 年 3 月 14 日已有 2870 万的播放量。

"有人 22 岁就能采访苹果 CEO，而我还在家吃喝玩乐。"这是网友对何同学在 2021 年 2 月 18 日采访苹果 CEO 库克事件的感叹。2021 年 10 月 17 日，何同学亲自动手 DIY 了一个被苹果放弃的产品——无线充电板 AirPower。在视频中，何同学引入了某上市公司的升降办公台，这一举动不仅带动了升降办公台的销量，同时也让该上市公司的股价大涨。不得不承认，何同学是一位十分出色的青年，他在最美好的年纪里追寻着自己的梦想，找到了未来的方向。

本以为何同学只是站在了短视频的风口，但看完他的视频之后，我打破了对他的刻板印象，何同学的成功，源自他极致的用心与努力。在流量时代，大多数 UP 主的创作都是快节奏的，何同学反其道而行之，打破同质化，推出精品，就算一两个月才能更新一个视频也不能阻挡粉丝对何同学的喜爱。

事实上，在推出 5G 测试视频之前，何同学在 B 站上并没有很出名，在图 2-15 中，我们可以看出何同学前后期视频播放量有 30 倍之差。

图 2-15　何同学前后期视频播放量对比

那么何同学是如何让自己的视频播放量实现突破的？通过观察何同学的视频内容，我们可以看出以下几个"端倪"。

标题凸显标签，定位"年轻人 / 在校生"

入驻 B 站后，何同学一直在不断优化自己的视频，对视频的定位、标题进行了修改。我们先来做一个对比。何同学在前期发布的视频标题如下。

【中字】给新人 VLOGER 3 点建议

【Pr 教程】超简单的任意门转场 打开门就可以进入任何地方

iPhone X 吐槽 Face ID 的三个缺点

【体验】真·口叼相机

以上视频标题，标签时有时无，没有规律，并且我们可以发现何同学此时的内容定位主要是 VLOG 技术流及电子产品测评。事实上，在 2018 年，电子产品的测评早已不是蓝海，作为一个不定期更新的学生，何同学很难对标专业的测评媒体。

再来看何同学现在发布的视频，视频标题如下。

【何同学】实用党的选择？ iPhone XR 的深度体验

【何同学】每天只看半小时手机，坚持一周后我有哪些变化

【何同学】收入？装备？未来规划？在校十万粉 UP 的真实情况

【何同学】这视频能让你戒手机

以上是何同学播放量较高的几个视频，从内容定位上，我们可以发现他的视频开始贴合年轻人 / 在校生日常生活场景，何同学也有了打造个人品牌的意识，即在标题前统一添加【何同学】的标签。

可见，何同学在数码产品测评这片红海中找到了内容制作的方向，即紧贴年轻人 / 在校生的生活场景去做视频。年轻人 / 在校生是传播社会信息的主流群体，当传播量够大时，何同学的视频自然也就火"出圈"了。

干练的剪辑，独特的用镜

在同类 UP 主中，何同学《有多快？5G 在日常使用中的真实体验》的视频爆火后，甚至连 OPPO 的副总裁都在评论区抛出了橄榄枝，不禁让人感叹：会做视频的人才，原来这么受欢迎！

越是大众关注的内容，越是要简单明了，何同学深谙这一道理，所以并没有用晦涩难懂的专业术语来向用户介绍 5G，而是从视觉和听觉两方面来让用户感受使用 5G 的"爽感"。

那么何同学是如何体现这种"爽感"的？我认为应该归功于何同学干练的剪辑与独特的用镜。在此，我们以《有多快？5G 在日常使用中的真实体验》这条视频为例，来分析何同学的视频制作特点。

1. 巧用"高燃踩点"音乐

"5G 到底有什么用呢？"这是何同学在视频开头就提出的疑问，随后便开始寻找 5G 信号区——即何同学自己所在的校区，进行 5G 的测试。在视频中，他拍摄在 5G 环境下手机测试 APP 相关数值冲到最高的瞬间及 APP 下载时仪表盘的快速转动，再配上具有强烈节奏感的音乐，二者相辅相成，能让用户从听觉和视觉上直接感受到 5G 速度之快，引起弹幕惊叹，如图 2-16 所示。

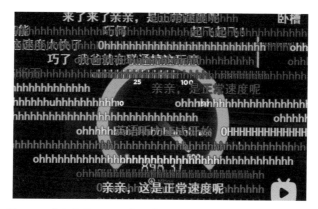

图 2-16 《有多快？5G 在日常使用中的真实体验》视频截图

2. 行云流水般的转场

之所以用行云流水来形容何同学的视频，是因为在他的视频中，转场十分自然且巧妙。如何同学在处理校车的镜头和手机测评的镜头时，采用的是画面旋转的转场方式，十分自然地将用户的目光带到了手机测评的界面。

在何同学的视频中，许多相邻的两个画面是快速切换的，这种转场不突兀，而且还会让整个视频显得更干练、更高级。

3. 独特的用镜

除了行云流水般的转场，何同学的用镜也不同于一般 UP 主。如何同学在视频开头借用百度搜索框的形式抛出疑问，如图 2-17 所示。

图 2-17 百度搜索框的镜头

比如，在说"事实上，从我拿到这个手机的第一天开始"时，何同学给了手机一个特写，强调了手机上的"5G"字眼，再次点题，如图 2-18 所示。

何同学在视频中常常会使用大量的近景镜头，这种用镜方式能让视频画面更为简洁和一目了然，提升视频的质感。

图 2-18　何同学视频截图

视角新颖，思想深刻

相较其他科技类 UP 主，何同学并没有拘泥于一种选题或者一种表现形式。当同类型的数码区 UP 主着重解读产品的参数时，何同学则更注重用新颖的视角来为用户讲解视频，并延伸出更为深刻的思想观点。

1. 视角新颖

在快节奏的时代中，何同学掌控着自己的节奏，靠着他独特的视角脱颖而出。在他所发布的视频中，我们可以发现何同学的想法和立意远超常人，如拍一张 600 万粉丝 ID 的合影，用一万行备忘录做一个动画，做苹果放弃的产品……

2021 年 10 月 17 日，何同学在《我做了苹果放弃的产品……》这期视频中，时隔三月带着自己全新的奇思妙想的产品——AirDesk 回归。这一次，何同学延续了苹果曾经放弃的产品的选题，亲自动手做出了一张令人惊艳的 AirDesk（无线充电 + 时间锁 + 备忘录 + 升降桌腿）。

AirDesk 的选题想法从何而来？时间得回到 2017 年的苹果秋季发布会。2017 年，当何同学刚步入北京邮电大学的校门时，苹果发布了一款无线充电板——AirPower，该产品的最大特点在于，将手机随意放在板子的任意位置,就可以充上电。令人没想到的是,这款令众人期待的产品,却在 2019 年被苹果宣布取消研发。

为了不辜负这漫长的等待,何同学突发奇想,决定 DIY 一个 AirPower,而且要比原来的 AirPower 面积更大,有桌子那么大,无论将手机丢到哪里,都能充上电。

这种脑洞清奇的选题视角,不禁让网友拍手称赞。

除了选题视角极富创意,何同学在视频中的表达视角也异于常人,十分新颖。

比如在《听~妙不可言,不被看好的 AirPods 为什么成功了?》这期视频中,何同学为了对苹果的 AirPods 耳机进行测试,斥巨资买了一个滑轨,让小小的蓝牙耳机从十几台 iPhone 背后滑过,依次触发其自动连接功能,如图 2-19 所示。

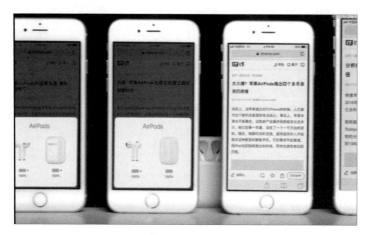

图 2-19 何同学对 AirPods 连接功能的测试

新颖而又准确的测试方式吸引了很多人,每一台手机的快速连接不禁让用户感叹这款耳机连接功能的强大。

2. 思想深刻

何同学并不满足于自己创新的视角,在内容上,他会用明确的态度与深刻的思考引发用户深思，对视频进行升华。还是以《有多快？5G 在日常使用中的真实体验》视频为例，在这期视频中，何同学并不止步于 5G 的速度测评，他提出一个引人深思的问题：在 5G 时代下，游戏无须等待更新，电影无须等待缓存，难道 5G 的作用仅仅是满足移动端对网速的需求吗？

为了解答这个问题，何同学以"倒叙"的手法，即在 5G 推出之际，反向搜索"4G 有什么用"。通过搜索，何同学发现 3G 到 4G 的最大变化同样也是上网速度，但 4G 给我们带来的却是一个更加庞大的产业。在视频中，何同学给我们做了深入的剖析。

当时大多数人都在抱怨 4G 没有什么用，资费还那么贵，但是 5 年后，大多数人已经没有那种流量要省着用的意识了。当年对 4G 应用的预测，的确可以看见一些未来的端倪，但也未免有些缺乏想象力。比如都知道 4G 可以看高清视频，但当时都在说用手机看电影有多方便，没有人预测到短视频的彻底爆发；比如都知道 4G 有利于普及移动支付，都是给手机绑信用卡再使用 NFC，没有人想到网络加二维码这么简单粗暴的方式真的几乎取代了现金……

经过一系列对事实的分析，何同学得出结论：在 5 年前，4G 所带来的一切都没有被预料到，未来的 5G 还会有无限的可能性。同时，在视频的结尾，何同学对着镜头毫不犹豫地说出自己的期待："我希望，当我 5 年后再看这个视频时，会发现速度其实是 5G 最无聊的应用。"

这句话在一定层面上肯定了中国 5G 的发展，呼吁大家要理性看待 5G，引发众人对 5G 的深思。

视频文案富有情怀

何同学作为 B 站数码区的 UP 主，从不会分析死板的数据，而是以数据为基础，用趣味性的文字来和用户分享自己的真实感受。

记得何同学的《我拍了一张 600 万人的合影》曾在 2020 年霸屏，在这期视频中，何同学将 600 万粉丝的 ID 打印下来，贴在了自家墙壁上，拍了一张 2000 亿像素的合影。在这期视频中，何同学结尾时的文案是极具情怀的：

当我贴累的时候，我就会躺在地上看着天花板发呆，因为当我把大灯关掉，只留下台灯时，天花板上纸的褶皱就会反射出金色的光，像是一颗颗明亮的星星，每个褶皱下应该都有十几个金色的名字。从前我的世界是纯黑色的，直到大家让这里闪起了点点星光，对此我真诚地感谢这张照片上的每一个人……

如果说何同学的走红代表了技术流在 B 站的胜利，那么这次的合影很显然是何同学这位理科生给粉丝的"浪漫惊喜"，真诚且富有文采的文案，让粉丝深受感动。

回看何同学最初的视频，我们会发现那时的内容远没有现在的丰富与流畅，当时面对镜头的他还略显青涩，遭受质疑时内心也不断出现动摇，但因为热爱，何同学坚持了下来。

何同学常常在视频中向粉丝诉说自己的成长历程，如在《给三年前自己的一封信》中，他曾提到过去很爱在 QQ 空间发布数码类的视频，但只有少数几个人点赞，甚至有人在评论中质疑他为什么要发这些东西。而当自己制作的视频被更多的人认可之后，他更加坚定自己的选择，努力在这条路上发光发热。

真实而又令人触动的经历引发了更多 B 站用户的共鸣，如有粉丝在视频评论区这样评论：

感谢何同学，今年高三的我其实和你当时的状态特别像，平常在班里不爱和别人说话，也没有受到什么关注，而就在昨天下午的联欢会上，我播放了一个自己制作的校园 VLOG，没想到同学那么喜欢……如果三年后的我也能成为一个像你一样出名的 UP 主，当我再次翻到这条视频和回复时，一定会有很多感触……

从粉丝的评论中可以看出，何同学的视频给很多正在为自己的梦想努力奋斗的人带来了很大的激励,用视频的文案建立起了与粉丝的情感链接。

2.4 我是郭杰瑞:2020 年全网最火的外国 UP 主(生活类 UP 主)

2020 年 6 月 10 日,远在大洋彼岸的郭杰瑞在家里正襟危坐,局促不安地按下手机上的"接通视频"的图标,开始了他的中国央视新闻新媒体访谈节目《相对论》直播首秀,如图 2-21 所示。

图 2-20 《相对论》对话郭杰瑞

俗话说,外来的和尚好念经,但纵观 B 站,外国 UP 主并不少,为什么郭杰瑞就能受到央视的青睐呢?首先我们来一起看看他的相关数据。

火烧云数据显示,"我是郭杰瑞"在 B 站生活区排名第五,粉丝总数 709.6 万,视频播放量有 8.6 亿。在相关采访中,郭杰瑞曾经表示自己也没想到,原本只是出于爱好拍出的视频,居然在 B 站有几百万的播放量,可谓"无心插柳柳成荫",郭杰瑞成了全网最火的外国 UP 主之一。

暂且不讨论郭杰瑞是否在拍摄视频之前就已经做好了运营规划,但他的成功之处是值得我们深入剖析的。

巧设冲突,现场解说

早在 2018 年,郭杰瑞就开始在 B 站上传视频,视频内容主要为他在中国和美国旅游、品尝美食、体验风土人情。为何 B 站上的外国 UP 主那么多,郭杰瑞的粉丝最多?

通过分析,我们根据郭杰瑞的账号提炼出了一个爆款公式,即冲突 + 现场解说,下面我们就来具体分析郭杰瑞是如何靠这个公式火速出圈的。

1. 冲突

郭杰瑞之所以能够赢得市场,是因为他找到了中国网友希望看到的冲突。归纳起来,郭杰瑞视频中的冲突主要分为两点:一个是中外信息不对称造成的冲突,另一个是中外文化差异造成的冲突。

(1)中外信息不对称造成的冲突

在社会经济、政治等活动中,各类人员对有关信息的了解是有差异的,这种现象被称为"信息不对称",掌握更多信息的群体往往处于更有利的地位,反之,掌握更少信息的群体处于较为不利的地位。对中国群众和美国群众而言,这种中外信息不对称的冲突一直存在,而郭杰瑞正是找准了这一冲突点,以解说的形式来帮助两国人民消除这种信息不对称。

例如,在《老美吐槽哈根达斯,为啥在中国要装高大上?》的视频中,郭杰瑞向网友展示美国超市哈根达斯的实际价格,并告诉网友哈根达斯在美国并不是一个高大上的品牌,如图 2-21 所示。

图 2-21 郭杰瑞视频截图

郭杰瑞在视频中这样解释哈根达斯在美国的地位：

在美国，哈根达斯并不是很贵的牌子，也不是很便宜的牌子，是一般般，他们常常是买一个哈根达斯，然后（再买）一个是5折，所以哈根达斯，我觉得在美国不是高端品牌，不是奢侈品牌……有人告诉我，他们有一个广告语是"如果你爱她就请她吃哈根达斯"，我觉得这个有一点不好，如果你爱她就爱她，不需要请她吃哈根达斯……我觉得冰激凌跟牛肉面、辣的四川牛肉面应该是一样的价格，一杯在店里10块人民币……

在大多数国人眼中，哈根达斯是一个"高大上"的品牌，但对美国人来说却并不是，郭杰瑞就抓住这一冲突来进行解说，该视频的解说流程如图 2-22 所示。

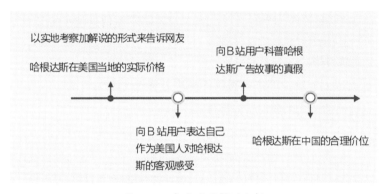

图 2-22　郭杰瑞的解说分析

从上图可以看出，郭杰瑞的解说分析是环环相扣、有理有据的，十分有说服力。郭杰瑞利用这种中外信息不对称，可以帮助掌握较少信息的国人消除认知偏见。

（2）中外文化差异造成的冲突

在中国，中外文化的差异一直是大众津津乐道的话题。从某种程度上来讲，文化差异越大，制造的冲突就越大，就越能吸引用户的眼球，而郭杰瑞的视频也体现出了这一点。

例如，郭杰瑞在视频中常常会向 B 站用户展示中外文化在生活中的差异，如图 2-23 所示。

图 2-23　郭杰瑞视频中所展示的中外文化差异

这些差异虽然是生活中的小细节，但是能充分满足中国网友"窥奇"的需求，让用户感受到不一样的外国文化。

2. 现场解说

针对以上冲突，郭杰瑞提供的解决方案是"现场解说"，即以在街头边走边说的形式来解说某一事件。

同样是品尝美食，大多数博主都会采用推荐甚至是炫富的方式来展现美食，这样一对比，郭杰瑞确实很亲民。例如，在《实战印度街头小吃！吃一天真会拉肚子吗？》的视频中，郭杰瑞在印度街头边走边吃，拍摄了印度食物的制作过程、口感和制作材料，并介绍了品尝之后的感受，如图 2-24 所示。

郭杰瑞在展示印度的美食时，是这样解说的：

他用他的手……干净的手（配上如图 2-25 所示画面），（画面转到试吃环节）有一个面包，里面有汤，（吃完后点评）一般般，有一点辣，很大的咖喱味道，但是口感特别奇怪，因为里面有一点酸，外面辣，外面很硬，还有里面有汤，我就是觉得口感有一点奇怪……

图 2-24　郭杰瑞介绍印度美食

图 2-25　郭杰瑞对印度美食制作过程的解说

对于印度美食的制作过程和味道，郭杰瑞并没带个人偏见去解说，而是很真实地还原了印度食物的制作场景及试吃后的真实感受，好吃的他会赞美，不好吃的也不会硬夸。同时，他详细又生动的解说能让用户身临其境，有很强的代入感。

不偏不倚的真诚态度

在现实生活中，不少来中国拍视频的外国人的动机都不是很单纯，空喊一句"我爱中国"就能获得大量的关注和点赞，而这种逢场作戏也被国人嗤之以鼻。在这群外国友人当中，郭杰瑞就是"一股清流"，他从来不会在自己的视频里以个人视角去批判美国政府，他一直身体力行地去做事情，让中国观众了解到一个不被两国媒体所干扰的真实的美国。也正是由于他这种真实、正能量的三观与用心，吸引了一大波粉丝的关注。

在国内，做自媒体的大V数不胜数，但大部分的大V主要靠输出观点的方式来吸粉，这种运营方式虽然能快速抓住用户的眼球，但从长远来看是有局限性的，容易让自身账号和平台受到负面舆论的冲击。

郭杰瑞则特立独行，以客观的视角用镜头展现每一个现象。例如，郭杰瑞曾拍过一个名为《竟然80%美国人不满美国现状！街访路人希望哪些改变？》的视频，该视频以街头随机采访的形式来展现美国人民对美国现状的态度。在视频中，路人发表了自己的观点，先是给美国的现状评分并说出自己的理由，有人觉得美国现在很糟糕，也有人很满意现状，客观地展现了美国人民的观点与态度。

再如，他曾在名为《1300多万的豪车有多豪！坐上真有帝王的感觉吗？》的视频中，问了车展工作人员一个问题："如果不好可以说吗？"

测试豪车，郭杰瑞并没有打算一味地去夸赞，但出于礼貌，他询问工作人员是否可以说豪车的缺点。郭杰瑞总能将最真实客观的一面展示给大家。

即使郭杰瑞会对自己国家的状况提出异议和批判，但他也会在与央视记者的连线中表达自己对祖国的热爱：

我要跟大家先说，我是美国人，我真的爱我的国家，但是我是美国人，我希望我们的领导能对我们的国家好。

这也是自从他拍视频以来，常常向B站用户表达的一种态度，表露出了一种不偏不倚的真诚。在弹幕中，不少粉丝表示理解和赞同，认为郭杰瑞在喜爱中国之外，始终忠于自己的祖国，这是他最真实的表达，也是粉丝欣赏他的地方。

对于中美文化差异，郭杰瑞始终秉持尊重的态度，不会因为不能接受某一文化而对该文化进行抨击。在众多网友的印象中，郭杰瑞是个从来不说脏话的 UP 主，其礼貌又认真的态度获得了众多好评。

人设转型，升华内容

为了不辜负众多粉丝的喜爱，扛起中美人民友好关系的大旗，郭杰瑞慢慢转型，用更深层次的内容来向中美人民展现最真实的彼此，娓娓道出一个又一个深刻的文化羁绊。

一开始，郭杰瑞只是一个无辣不欢的美食 UP 主，"这个不辣"成了他的标签，他的"不怕辣"和"能吃辣"成了粉丝津津乐道的话题。虽然能吃辣的人并不少，但像郭杰瑞这样"认真"吃辣的人却很少见，他没有像其他 UP 主一样，体验过后一笑而过，而是认真思考这些饮食文化背后的精髓。

对于自己的"网红"身份，郭杰瑞认为只拍视频是不够的，他想用更多的方式为中国，也为自己做更多的事情。于是在 2019 年 10 月，郭杰瑞去了云南，在那里，他邂逅了自己真正想为之努力的事业——帮助云南卖咖啡，促进云南经济发展，帮助中国打开美国的咖啡市场，真正做到内销转出口。

从 2020 年开始，郭杰瑞从一名"云南咖啡贩子"变成了一名"战地记者"，他用最真实的镜头和路人的采访，记录了纽约的实际生活情况，让更多人了解最真实的美国。"战地记者"的人设，让郭杰瑞在 B 站"出圈"，用视频记录纽约新冠疫情的他，接受央视新闻采访，提升了知名度。

与众多 UP 主相同，虽然郭杰瑞的初期视频亦是从"恰饭[1]"开始的，但随着他的转型，郭杰瑞已从单纯的"恰饭"变成了"做饭"，致力于为 B 站用户做更多有意义的事情，为自己带来了更多的流量，创造了更多价值。

---

1 在 B 站，含有商业推广的视频内容，被称为"恰饭"视频。"恰饭"的意思是"吃饭"，源于四川方言，在 B 站中特指 UP 主在自己的视频中植入广告。

2.5 老番茄：B 站首个 1000 万粉丝 UP 主（游戏类 UP 主）

好看的皮囊千篇一律，有趣的灵魂万里挑一，作为 B 站诞生的首位粉丝突破千万的 UP 主——老番茄，他的有趣与优秀让他成为 B 站当之无愧的"复旦之花"。

老番茄，一位毕业于上海复旦大学的 B 站游戏区 UP 主，在 2020 年 4 月，其粉丝量突破 1000 万，成为 B 站首位粉丝量破千万的顶级 UP 主，被粉丝誉为"B 站一哥"。这位坐拥 1701.1 万粉丝，视频总播放量高达 23.1 亿的知名网络博主和游戏解说人，到底在 B 站做什么呢？

事实上，老番茄主要通过对游戏内容进行二次解读，将游戏素材通过个人向趣味剪辑输出给观众。正是输出的这些幽默诙谐、有创意的高质量游戏解说内容，让老番茄收获了众多粉丝的喜爱。

老番茄算是 B 站 UP 主中"元老"级别的人物，每期视频均有百万播放量，热门视频播放量高达千万。在 B 站竞争激烈的游戏区，老番茄凭什么率先成为拥有千万级粉丝的 UP 主？在此，我们做出以下分析。

配音出彩，二次创作有剧情

如果你看过老番茄的视频，可能会发现这位游戏解说 UP 主居然不是靠游戏技术取胜的，而是靠他的口才，即精湛的"游戏配音"。

1. 出彩的配音

B 站上的游戏 UP 主大致分为两类，一类是游戏实况，另一类是游戏解说，老番茄为后者。对游戏内容进行二次解读，一个人用 N 重声线去配音，这样输出的内容具有鲜明的个人特点，这就是老番茄的优势所在。

老番茄的大部分视频都模仿了"搞笑漫画日和"[1]的解说手法,这种语速很快且两句话之间无停顿的形式不禁让我们联想到《大话西游》,里面极度精炼的台词让影片成为经典。可以说,老番茄学到了其中的精髓。不同声音之间的变换、快速的说话方式、男女声真伪音的转换,老番茄都练得炉火纯青。

老番茄在对视频进行配音时,首先把自己当成了游戏场景中的人物,让每个游戏人物都有辨识度;老番茄还注意让声音与声音环境协调,如搞笑的部分用欢快的声音去表现,同时还随机应变,不断转换音色,制造出各种笑点。

另外,老番茄在给自己的视频配音时,还会邀请 B 站其他粉丝数量较多的 UP 主共同参与,如逍遥散人、渗透之 C 君等,这种方式既能为视频带来不一样的声线,同时还能增加双方的曝光率。

2. 二次创作剧情

传统的游戏解说视频中,游戏是视频的主题;而在老番茄的视频中,游戏的人物是演员,这些游戏人物在老番茄构建的故事中扮演了新的角色。每条视频老番茄都会在原有游戏设定和剧情的基础上加入自己的想法和脑洞,以对话的形式推动剧情的发展。

例如,在解说某款游戏前,老番茄给游戏人物加上了剧情:

警长:"太好了,到点了,下班回家咯!"

小王:"警长不好了,有新案子。"

警长:"来,小王说一下这次的案子吧。"

小王:"一位富家千金被绑架了,但是绑匪没留下联系方式,周围监控也没拍到线索。"

……

很多时候,老番茄二次创作出来的游戏剧情与原剧情毫不相干,但

---

1 "搞笑漫画日和"(又译为"噱头漫画日和")的漫画、动画 DVD 等都具有相当高的人气,该作一直在《月刊少年 JUMP》上连载。

依然能给老玩家和新玩家带来全新的游戏体验。

题材有趣，扩大受众范围

老番茄的视频所使用的素材都较为有趣，且在内容选题上扩大了受众范围。以下介绍老番茄的三个经典作品。

首先是处女作——《卖队友的手机》（UP主现已删除该视频）。在这条视频中，老番茄为用户介绍了多款当时热门的手机游戏，这一内容的趣味点在于"教用户玩游戏时，如何出卖队友"。虽然这条视频与老番茄现在的作品相比略显粗糙，但该视频游戏内容丰富，解说详细到位，具有强烈的个人风格。

其次是转型之作——《你可见过如此丧病的口袋妖怪解说？》。老番茄在这条视频中介绍了一款手游，一人分饰多角，以探案的形式为用户解说游戏，使视频具有观赏性和趣味性。这期视频算是老番茄的转型之作，因为他放弃了原本手游盘点的方式，开始用吐槽的方式解说游戏。伴随着《你可记得如此丧病的口袋妖怪解说？》系列的成功，老番茄在后续视频中继续打磨视频节奏、台词、内容及表现形式，不断推出精品。

最后是高人气作品——《"你能量量下巴的长度吗？"》。该视频发布后立即引起B站用户热议，在当日全站排行榜上排名第一。由于老番茄本人常被粉丝调侃"下巴太长"，所以这一标题正好勾起了粉丝观看的兴趣。在视频中，老番茄特意测量了自己的下巴长度，最终呈现出来的效果令人忍俊不禁。

除了解说游戏视频，老番茄偶尔还会发布《"你能量量下巴的长度吗？"》这类生活视频，以此吸引其他类型的粉丝。例如，他会把自己装扮成《守望先锋》里的麦克雷，然后跳广播体操；用制作美食的方式将一只塑料玩具惨叫鸡做成一道"白切鸡"……

偶尔发布的游戏外的生活视频，为老番茄的账号增添了活力，也能让粉丝感受到老番茄并不只会玩游戏，模仿、美食、音乐都是他所爱的，这样的老番茄会显得更加有温度。

作品质量高，B 站助力

在 B 站所有同领域的创作者中，老番茄的视频制作水平无疑是最顶尖的，从配音到剧本，老番茄一直都十分用心。他始终认为，UP 主不仅仅是单纯地玩游戏，还需要紧跟时代潮流，不断突破自己。

在老番茄的视频中，他在《GTA5》导演模式下制作的《六个泼皮》十分惊艳，看完这期视频，我们能感受到老番茄为视频付出的一切。他需要准备大量素材，包括画面、镜头、动作，甚至人物站位都需要他亲自调节。除此之外，他还运用了一些电影的拍摄手法，精心为视频搭配了背景音乐，独自给故事中的所有人物配音。如此高质量的作品，成为老番茄拥有 1000 万粉丝的底气。

老番茄还加入了 B 站的"高能联盟"（类似签约主播），每周必须更新视频，这种更新频率也在一定程度上增加了老番茄的粉丝量。

作为最早一批入驻 B 站的 UP 主，与老番茄争夺首个 B 站千万粉丝账号头衔的 UP 主是 B 站漫画的官方账号，但毫无疑问，B 站不会让官方账号夺得千万粉丝首冠。为了鼓励更多创作者加入 B 站，B 站将这一"王冠"戴在了老番茄的头上。

与此同时，老番茄作为上海复旦大学的保研高才生，其人设是阳光健康且积极向上的，B 站需要这种优秀的头部正能量 UP 主来优化 B 站的整体形象。所以，B 站给了老番茄大量的流量推荐，以此来保证其视频播放量。

2020 年 7 月初，老番茄正式以主播的身份出道，一个腼腆的大男孩开始改变，无论是 B 站还是 UP 主，只有满足大部分观众的喜好，才能走得更远。而随着这几年 B 站的快速发展，B 站的日活跃用户增速一骑绝尘，在中长视频领域远超竞争对手。深潭才能养蛟龙，随着 B 站的扩张，更多新用户涌入 B 站，将会带给更多像老番茄一样的个人创作者历史性的机遇。

2.6 周六野 Zoey：健身"小白"的最爱（健身类 UP 主）

如果你喜爱健身，并对健身领域有所关注，那么你一定知道周六野 Zoey。

在我们团队，大部分人在工作之余也很注重运动健身。一次，一位女同事在聚餐时说，B 站上有一位健身达人周六野 Zoey，只要跟着她的健身视频进行练习，就能有效地达到自己的健身目标。

周六野是 1993 年出生的广东姑娘，她活出了年轻人心中的理想状态。自律、坚持、健康、美丽是周六野的标签，这些都是当代年轻人所憧憬的。然而除了这些标签，我们更关注的是她对账号和视频的精准把握。

在 B 站，相较其他类型的 UP 主，干货类的健身 UP 主的粉丝较少，能够叫得出名字的作品也寥寥无几。而在这本不"富裕"的流量池中，周六野靠自己对健身视频的精准把握，成功突出重围。

从根源上分析，周六野突出重围的第一步，是她那满足健身"小白"需求的吸睛标题。

强调简单、快速见效的吸睛标题

在周六野发布的视频中，我们经常能看到"10 分钟超燃瘦大腿""10 分钟全程站立瘦腰""躺着瘦出背沟"等关键词。这种强调简单、快速见效的标题很容易将想在家健身的上班族吸引过来。

深究周六野视频的标题构成，我们可以提炼出如下公式：

$$吸睛标题 = 数字 + 场景 + 健身内容$$

首先是数字的运用。由于大部分健身"小白"都比较喜欢速成类的干货，即在短时间内学会健身技巧，并达到健身效果，因此周六野抓住了数字的优势，在标题中嵌入数字，以此来戳中 B 站用户的痛点。

周六野的部分标题如下：

5分钟瘦下腹运动，减顽固小肚子，塑造马甲线下腹肌小蛮腰

10分钟改善斜方肌粗大、溜肩圆肩富贵包、背厚、肩颈背疼痛、高低肩！

其次是场景的添加。除了添加数字，周六野还会在标题中加入适当的场景，代表性的标题如下。

床上全身燃脂运动！8分钟加速减肥瘦腰肚瘦腿！太忙？没地方？进来吧！为做HIIT（高强度间歇训练法）准备！

这个标题构建了一个场景——太忙、没地方锻炼，在床上就可以完成全身燃脂运动。这种场景类的描述，很容易让健身"小白"产生共鸣，戳中没时间、没地点做运动的用户的痛点。

最后是视频的关键词——健身内容。加入数字和场景之后，健身内容是标题的重点。周六野会直接在标题中点出每期视频的内容关键词，如"深蹲""腹肌""马甲线""美背"等关键词，开门见山地告诉用户视频的主要内容是什么，吸引健身"小白"的注意力。

定位清晰，"干货"完整且成体系

在干货类健身领域，最重要的是"干货"，但每个人对"干货"的理解大不相同。

例如，对健身"小白"而言，UP主的视频只要能够说服他们，且UP主的带练具有可操作性，练习一段时间后可以产生效果，那么这对他们而言便是"干货"；对运动达人而言，运动医学原理是十分重要的，而且他们对每个动作的标准性要求更高。

就市场而言，前者的流量会更大，而周六野正是精准抓住这一群体来输出她的"干货"。

打开周六野的B站首页，映入眼帘的是各种各样的健身训练，如全身训练、提臀、瘦腰、瘦腿、瘦小腿、矫正驼背圆肩等，如图2-26所示。

图 2-26　周六野 Zoey 的 B 站个人主页

从瘦腿到瘦腰再到瘦胳膊，你想学的周六野都有。周六野的每个视频都有统一风格的封面，即个人图片＋视频关键词，整体色彩和风格偏活泼。在观感上，给人的感觉是很实用的"干货"，这对健身"小白"而言，是十分有吸引力的。

周六野视频中所介绍的大部分健身内容都属于"入门级"，且视频中所介绍的练习具有很强的可操作性，用户只需要跟着视频进行同步练习，就能收获不错的效果。

例如，在《10 分钟改善斜方肌粗大、溜肩圆肩富贵包、背厚、肩颈背疼痛、高低肩！》这条视频中，周六野先是对这期内容进行了总体的介绍，如图 2-27 所示，第一点引出常见的斜方肌问题，第二点介绍改善斜方肌的方法，第三点则带着用户进行练习。

在第一点中，周六野 Zoey 向用户介绍了如下几种常见的斜方肌问题。

- 溜肩
- 富贵包
- 背很厚
- 耸肩、圆肩
- 高低肩
- 肩膀脖子酸痛

图 2-27　周六野 Zoey 发布的视频截图

介绍完问题之后，又对这些问题做出了具体的描述，以便用户能快速"对号入座"。

驼背圆肩、颈前倾及背看起来很厚是由斜方肌太弱导致的；而溜肩、富贵包及脖子肩膀疼痛则是由上斜方肌太紧张导致的……

那这些问题是如何出现的？周六野又结合实际生活，列举了一些情景，点出了用户的一些错误习惯。

看看你有以下哪些习惯：（1）长时间阅读、玩手机、打游戏；（2）长时间背单肩包；（3）趴着睡觉；（4）床太软、枕头不合适；（5）缺乏运动（导致肌肉力量不足、不平衡）……

在完成相应的理论解说之后，周六野进行带练。在整个练习过程中，她会很细致地讲解每个动作的要点，展示标准的动作要领，以同步计时的方法带着屏幕前的用户进行练习，帮助每个健身"小白"在家就能快速健身，如图 2-28 所示。

这一系列的"干货"输出，让周六野收获了大量的正向反馈，很多用户都会在视频评论区写出健身感受。

坚持每天做，做了两个月，从 68 的腰围瘦到了 58，真的太感谢了。

托 UP 主的福，从二月开始练，现在八月，马甲线、人鱼线完全清晰，感谢 UP 主。

太有用了，我做这个加上进阶版一天两次，有一周多吧，虽然马甲线还没有线条，但是肚子真的小了好多。

因为这些正向反馈，周六野的视频口碑逐渐变好，越来越多的粉丝将周六野推荐给身边的朋友，更多的粉丝加入"健身大军"，而周六野也因此获得了B站的流量红利。

图2-28　周六野Zoey的带练截图

以"闺密"角度切入，拉近与用户的距离

周六野最初是在柬埔寨接触健身的，由于她本身不太爱使用健身房的器械，但为了运动，周六野会选择做一些在角落里或者在瑜伽垫上就能完成的动作。

在一次机缘巧合下，周六野在2016年年底上传了她的第一个视频。由于大部分粉丝都是女性，周六野决定站在"闺密"的角度来考虑每一个视频的选题。

"我想给大家提供的不仅是有趣的经历，更是有益的知识，站在'闺密'的角度，我从来不觉得有什么不能聊的。"周六野曾在一篇采访中如是说。面对一些私密的话题，许多女生不知该向谁求助，而周六野希望自己可以帮助女生解决这些问题。

例如，周六野曾出过一期《克服面对妇科男科疾病的心理障碍、看医生》的视频，在这条视频中，她先是向用户阐述客观事实：

每年每天都有很多人在面对这些很基础的问题，很多人都跟你一样，只是不说而已。不说不代表不存在，所以我分享出来了，是因为我觉得这些就像感冒发烧一样，是很正常的事情，没有什么好羞耻的……

然后得出结论：事情本身的可怕程度取决于我们选择如何去面对它，而我们面对事情的态度往往会受到外界的影响。在分析完原因后，周六野给出了解决问题的方法，如图 2-29 所示。

图 2-29　周六野的视频截图

在视频的后半段，周六野向大家介绍了面对医生时的一些状况：

如果医生问了一些非常私密的问题，让你觉得很不自在，这时候需要怎么去面对？我想先给大家举个例子，如果你的喉咙发炎了，然后医生看着你的喉咙说："年轻人，你是不是生活习惯不好啊？不要总是吃那么多上火的东西，就是因为你吃了那么多上火的东西，才会喉咙发炎。"你听到这个有什么感觉？如果你没有吃很多上火的东西，就是喉咙发炎了，你可能也不会多想……可是为什么换一个病，医生说差不多的话，你就很难受了呢？当你去做一些很正常的回答后，以更加开放的态度去面对医生的时候，你就会发现，不管医生拥有怎样的态度，都是不会影响你的……

从周六野的话术中，我们可以感受到她是把镜头前的用户当作真正的闺密，耐心且细心地告诉女生遇到这类情况时应如何处理，会给用户一种亲切感，迅速拉近与用户之间的距离。

虽然周六野的视频涵盖了健身、时尚、生活等多个领域，但播放量、收藏量及点赞数最高的依然是她的健身类作品。由此可见，大部分粉丝都很喜欢其健身类的"干货"视频，如果没有"干货"，不能给健身"小白"带来实用的效果，想必周六野的视频也不会如此火爆。

2.7 绵羊料理：美食界的天才"作家"（美食类UP主）

距离B站UP主绵羊料理在B站上发布第一条视频已有5年多的时间，深深扎根于B站美食区的她，如今已不再是B站"小透明"，而是坐拥800多万粉丝的美食区头部UP主。

在点开绵羊料理的视频主页之前，大部分人可能认为美食类视频就是将纸质的菜谱转化为视频罢了，这样的视频，播放量应该不会太高。出人意料的是，绵羊料理的《这就是史上最棒的炸鸡！如果不是，我倒想试试你的》视频播放量却高达1680万，她也入选了2019年和2020年的百大UP主。

没有谁天生就有制作美食与拍摄视频的天赋，绵羊料理的爆火是有原因的。

文案押韵，制作精美

作为B站美食界的"天花板"，绵羊料理的文案和视频质量都是顶级的。

1. 文案押韵

如果说朱广权是主持界的"押韵狂魔",那么绵羊料理就是 B 站美食界的"押韵鬼才"。

轻薄的面衣在高温下啪滋作响;乘着涟漪的油花,追逐金色的信仰;灿烂的外壳,是对虔诚的褒奖;闪耀着庇护的光芒,不惧任何阻挡;油香,太烈,我有点缺氧;朦胧中发现,硬币点赞一路疯涨。

"响""仰""奖""芒""挡""氧""涨"等词押韵,幽默诙谐的"打油诗体"风格独特,搭配绵羊料理有趣的湖南口音,听起来令人欲罢不能。回过头来,"硬币点赞一路疯涨","一键三连"的请求猝不及防,难掩 UP 主的可爱。

那么普通人如何像绵羊料理一样做到文案押韵呢?

第一,我们可以尝试运用"排韵"的方法,让文案每句话的结尾韵母相同或相近,如"好""吵""找"等字的韵母是"ao",是相同的;"好""妙",一个韵母是"ao",另一个韵母是"iao",是相似的。

第二,我们可以运用"转韵"的方式,通过合理的分节与分段进行押韵,增强用户的记忆点,如"面条入喉,仿佛来到江南的渡口,任香醇的风沙在鼻尖轻轻地刮,任 Q 弹的浪花将味蕾来回冲刷"。

2. 制作精美

不同于其他类型的视频,美食类视频的制作要求较高,如画面清晰度、视角、灯光、色泽等,精美的画面能让用户隔着屏幕就感受到食物的"色香味",绵羊料理的视频做到了这一点,如图 2-30 所示。

图 2-30 绵羊料理的视频截图

从图中我们可以看出，绵羊料理的画面清晰度高、色彩鲜明，需要的素材也摆放整齐、干净，这种宽敞明亮的厨房环境一直维持到现在。绵羊料理的视频画面也不局限于厨房，在形容美食时，绵羊料理有时会用其他画面来配合自己的文案。

例如，在《这是我做过最有意义的一锅菜》中，绵羊料理在品尝自己做的土豆时，配上如图2-31所示的猫的表情包，与文案搭配得恰到好处。

图2-31　绵羊料理视频中的表情包

煮烂后的土豆，看似规整有型，实则软烂如泥，一嚼，就成渣；一抿，就融化。它粘在舌尖，软软趴趴；它落入食道，黏黏滑滑；偶尔涌起的一缕重辣，扎得味蕾一阵酥麻，就像"臭底迪"的猫爪，轻挠了一下。

在视频剪辑方面，普通人要想将视频做得更精美，可以使用专业摄像机与镜头，或者邀请专业摄像师拍摄；后期使用专业的视频剪辑软件进行处理。在视频构图上，可以采用九宫格构图法、对称构图法、水平线构图法、引导线构图法、框架构图法等。

现学现做，还原料理最真实的部分

与其他的美食视频不同，绵羊料理的视频大多以展示"现学现做"的过程为主。绵羊料理的每期视频都不是我们平时炒的家常菜，而是普通人很少轻易尝试的"高难度料理"，如在家可以甩出来的印度飞饼，长沙的茶颜悦色奶茶，店里卖88元一只的大汤包，动画中的奶油炖菜，霍格沃茨的酥皮烤鸡，等等。绵羊料理几乎每道菜都要花费好几天的时间，会用到各式各样的食材与工具。

虽然在我们看来，这种很耗时间、制作起来颇为麻烦的美食在现实生活中是难以复制的，但是大部分用户总是会抱着一种"这么难做的料理，看她怎么做出来"的猎奇心理去观看视频。事实上，绵羊料理也正是瞄准了用户观看视频的娱乐需求，才会去做有挑战难度的美食，从而吸引更多的粉丝。

那么绵羊料理是如何在视频中还原料理制作最真实的部分的呢？我们以《限量发售，排队限购的米其林甜点，劝你不要自己做！》这期视频为例进行介绍。

在制作米其林的甜点蝴蝶酥之前，绵羊料理以为制作过程很简单，第一轮操作下来，却被疯狂"打脸"。

蝴蝶酥的食材很简单，只需要黄油、中筋面粉、白砂糖和盐；蝴蝶酥的做法也不难，只要将面粉、黄油、盐和水混合成团，直到表面光滑、手感柔软，就可以放进冰箱……个头、色泽、甜度，通通不够，失败。

经历多次失败后，绵羊料理并没有放弃蝴蝶酥的制作，而是在一次又一次的失败中吸取经验，不断改良制作方法。绵羊料理做失败的蝴蝶酥如图 2-32 所示。

图 2-32　绵羊料理做失败的蝴蝶酥

在历经几次失败后,绵羊料理在米其林店家发布的文章中找到了"秘诀":

原来,面粉要用 T65 高筋,相比中筋的口感更加清脆,才能更好地承受住大面积的拉伸与膨胀,就连糖也用上了白糖、黄糖和蔗糖 3 个不同的品种,所有步骤的准备需要 3 天以上……

虽然口感问题已解决,但蝴蝶酥的形状还是达不到要求,与店里的蝴蝶酥大相径庭。为了解决该问题,绵羊料理还特意去工厂咨询了相关技术人员,结果被告知要想在没有开酥机的情况下将面饼"开大",必须得拥有精湛的手上功夫。手法不算精湛的绵羊料理决定从面团的厚度上来优化:

没有精湛的手上功夫,却又想做出超大的蝴蝶酥,那就只能再揉几个面,再熬几个夜,叠更厚一点,做更大一些。

这一次,绵羊料理成功了。对比店里的蝴蝶酥,绵羊料理做出来的几乎一模一样,而这一次的成功也得到粉丝的纷纷好评,弹幕都在夸赞绵羊料理为做美食而付出的努力。

总而言之,绵羊料理总是会把自己的"翻车"过程剪辑到视频中,即在视频中,我们常常会看见绵羊料理做砸,然后从头再来。虽然在教学类的美食视频中,"翻车"会影响 UP 主的人设,但由于绵羊料理的定位是挑战高难度的料理,所以,"翻车"的镜头不但不会影响绵羊料理的人设,反而为她的视频增添了趣味性和真实性。

坚持探索,持续迭代

路漫漫其修远兮,吾将上下而求索。秉持这一原则的绵羊料理在做视频的道路上坚持探索,持续迭代。

2015 年年底,绵羊料理在 B 站发布了自己的第一个视频。彼时的绵羊料理还是温柔的播音腔,料理的制作过程极为简单,真人未出镜,拍摄的角度也是只固定在工作台上方。每个制作步骤清晰明了,解说也轻声细语,与如今的视频风格差距较大,如图 2-33 所示。

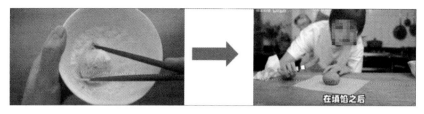

图 2-33 绵羊料理视频风格对比

直到 2018 年 7 月,绵羊料理才开始采取真人出镜的方式拍摄视频,并且在 2018 年年底,绵羊料理开始拍摄一些美食探店 VLOG,绵羊料理的视频点击量开始有了肉眼可见的提升,如图 2-34 所示。

图 2-34 视频播放量的前后对比

到了 2019 年年底,绵羊料理发布了《店里卖 88 一只的大汤包,在家做会便宜多少呢?会不会更好吃呢?》这条转型之作,迎来了视频播放量的转折点。相较以往的视频,该视频的料理难度与背景音效处理都要更上一个台阶。其视频中的排比文案也开始掺杂"押韵体",为绵羊料理独树一帜的风格奠定了基础。

经过长时间的探索与稳定输出,绵羊料理终于找到了属于自己的风格,也就是前文剖析的视频特点——文案押韵,制作精良;现学现做,还原料理最真实的部分。在这一时期,绵羊料理的《这就是史上最棒的炸鸡！如果不是，我倒想试试你的》视频播放量成功突破千万，成为她的代表作品。

她的成功绝非偶然。在5年的探索过程中，绵羊料理曾因为前期视频制作简单而被网友恶意评论，也曾遇到视频拍摄技能的瓶颈，但这些阻力都没有影响绵羊料理，她坚持更新，持续迭代，努力学习新技能，用心输出高质量内容，才能让用户感受到料理治愈人心的真正奥义。

对于想在B站上掘金的普通人而言，如果能像绵羊料理一样秉持初心，坚持迭代，相信也能在B站上开拓出属于自己的版图。

第3章
不一样的B站内容生态

优质内容是内容型新媒体平台的核心，优质内容的创作，需要符合平台调性。想要分析B站内容的独特之处，打造爆款内容，我们需要掌握生产爆红内容的三个维度，明白B站内容的生产流程，了解B站内容的反馈策略，只有如此，才能持续输出高质量作品。

3.1 生产爆红内容的三个维度

B站的很多UP主都在勤勤恳恳地做内容，却始终默默无闻，甚至有的UP主做了7年，粉丝还没有突破2万。事实上，这些UP主不火是有原因的。UP主能不能火，取决于他对B站内容生态是否充分了解。

既然已经选择了将B站作为主战场，就要了解B站所构建的不一样的内容生态，只有这样，才能真正将投入的精力转化为实实在在的流量。因此，了解在B站生产爆红内容的三大维度，成为快、准、稳地生产优质视频的必经之路。

虽然B站本身发生了很多变化，但其爆红内容的生产逻辑仍然保持着特有的"B站基因"，总结起来有以下三大维度。

精准定位：占领粉丝心智的正确方式

与抖音、快手等短视频平台上的视频内容相比，B 站的视频时长通常为 5～10 分钟。因此，要想生产爆红的内容，UP 主应更关注视频内容的整体规划，而非像抖音、快手等平台的短视频一样注重博人眼球的前几秒内容。

精准的内容定位是 B 站视频的引流利器。同时，一个拥有独特内容定位的 B 站账号可以迅速占领粉丝心智，引发口碑效应，并长期成为这一领域的领跑者。我们可以回想一下令自己印象深刻的不同类型的 UP 主，他们生产的视频无疑都有着精准而独特的内容定位，让人们一想到某一类型的视频就能直接联想到他们。找到粉丝心智中的一个"空缺"位置，并用精准的内容定位将其填补，往往能产生事半功倍的效果。

2019 年，UP 主"大祥哥来了"的视频突然在 B 站蹿红。截至 2022 年 3 月 14 日，此账号已拥有 492.5 万的粉丝。大祥哥在 B 站异军突起的关键因素就是其精准的内容定位——试吃世界顶级食材，如图 3-1 所示。大祥哥的这一内容定位打开了 B 站"试吃"类型视频的新领域。

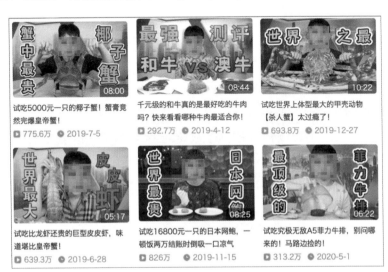

图 3-1 "大祥哥来了"的账号主页截图

在大祥哥蹿红之前,B 站的试吃类视频多为对低价普通食品进行"排雷",或品尝猎奇食物,如试吃某网红食品、试吃鲱鱼罐头等。当这类视频变得越来越多、越来越同质化时,大祥哥另辟蹊径,用"试吃世界顶级食材"这一新奇的切入角度吸引了无数"路人"的关注,让其在极短的时间内从一个无名小卒成为粉丝百万的 UP 主,成为当年 B 站的"黑马"。

大祥哥最出名的视频是《试吃超大皇帝蟹,不愧被誉为蟹中帝皇!》,截至 2022 年 3 月 14 日,该视频拥有 1972.3 万播放量和 57.5 万点赞量。这一视频也成为大祥哥的一个标签,让人一听到皇帝蟹等高端食材,就能联想到大祥哥。该视频爆火后,有大量 UP 主争相效仿,但都难以复制大祥哥原版视频的辉煌"战绩",甚至这些视频中满屏的"大祥哥"弹幕很大程度上在为大祥哥的这一账号间接引流,如图 3-2 所示。

大祥哥曾在视频中明确表示自己的视频内容定位和视频拍摄初衷:

我是一个资深大"吃货",所以对吃这方面特别舍得花钱。一开始我只是想单纯记录一下我每次吃到的好吃的,比如说"澳龙",我不可能天天吃,可能品尝一次,知道是什么味道后就不会再去吃了,会去尝试别的东西。我觉得将这些过程记录下来挺有意思的。

正是这一独特的定位奠定了"大祥哥来了"的内容基础,同时也填补了 B 站高端食材试吃这一类型视频的空白,吸引了大量粉丝的关注。

图 3-2　同类视频弹幕截图

与大祥哥相比，同样常常以"吃"为创作题材的 UP 主"敬汉卿"则走了一条截然不同的道路。被粉丝称为"死神之子"的他剑走偏锋，喜欢将挑战融入"吃播"中，呈现出一个个让人瞠目结舌的试吃体验，如图 3-3 所示。

图 3-3　敬汉卿视频截图

凭借试吃奇葩食物，敬汉卿获得了许多人的关注，截至 2022 年 3 月 14 日，敬汉卿的粉丝数达到 926 万。对他来说，成为"千万 UP 主"只是时间问题。

当然，视频越做越多的敬汉卿也会遇到选题枯竭的问题。所以，他不断寻求突破，尝试制作出不同风格的作品，也获得了很好的成绩。但是，从历史播放量来看，那些具有最初定位特征的视频，播放量要远远超过这一账号下其他类型的视频。在他发布的 15 个视频中，名为《挑战吃世界最辣的薯片不喝水！眼泪鼻涕辣到飞起！》的视频获得了最高的播放量，如图 3-4 所示。由此也可以说明，精准的定位会在账号运营早期就占领粉丝的心智，并在很长一段时间内持续影响视频的数据。

图 3-4　敬汉卿的视频播放量对比

从上面两个案例可以看出,许多 UP 主爆红的原因在于其对自身账号内容的精准定位,而一个好的定位最重要的就是"不与人同"。我们要学会分析 B 站不同类型的视频的风格和定位,再结合自己的实际情况,制作内容独特的视频,进而占领粉丝心智。

全球极负盛名的营销战略家艾·里斯在《定位:争夺用户心智的战争》中写道:

"顾客的心智为了防御海量传播,会筛选和排斥大部分信息。心智一旦形成认知,几乎不可能改变。要想'在心智中留下难以磨灭的信息',你首先需要的根本不是信息,而是一个纯洁的心智,一个未被其他品牌占领的心智。"

艾·里斯在书中阐述的是如何为品牌定位,进而占领用户心智;B 站 UP 主在运营账号的时候,其实也是在运营自己的品牌。所以,找到一个"未被占领"的内容领域是帮助我们在 B 站快速站稳脚跟的关键。

那么 UP 主应该如何在 B 站上找准定位呢?在回答这个问题之前,我们需要问自己三个问题:

我能做什么内容？

我的内容为谁而做？

我应该如何做内容？

面对第一个问题，我们要结合自身已有的资源和优势，做与之相关的内容，这样也能拥有源源不断的视频素材，如"秋叶-PPT"，由于公司推出的主要业务与PPT相关，因此此账号以讲解PPT操作技巧为主，如图3-5所示。

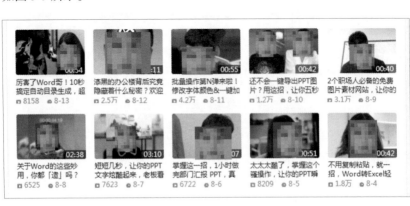

图3-5 秋叶-PPT的视频截图

由于笔者公司原本就有丰富的PPT知识资源，因此不必担心素材问题，有充足的资源积累对于UP主而言，可以减轻前期寻找视频素材的压力。

与此同时，我们可以结合自身的兴趣爱好与专业来确定内容领域。如B站的军事UP主"张召忠"，他是军事理论界的专家，早在2016年就入驻B站发布军事相关内容，由于内容专业且权威，深受B站用户喜爱，被亲切地称为"局座"。

除此之外，我们还可以根据用户的喜好来选择领域。从B站目前的分区投稿量来看，B站用户偏爱生活、游戏、动画、影视、娱乐、科技等方面的内容，UP主可作参考。

要想解决第二个问题，UP主需要对自己的用户信息数据做一个分类，根据用户的社会属性、商业属性、心理属性、消费属性、社交属性进行分类；同时调研相关类型的账号，总结出自己账号的用户画像（性别、年龄、地域、活跃时间等信息）。

当确定内容领域与用户画像后，我们需要确定自己的视频内容特色，如视频风格（幽默、炫酷、治愈等）、视频要素（视频组成部分）、记忆点等，也就是解决第三个问题。

总之，UP 主需要结合自身情况来找定位，不能照搬照抄，要凸显自己的特色，持续输出优质内容。

创意选题：激发观众兴趣，增强粉丝黏性

当我们找到账号整体内容的精准定位后，还要针对每个视频做创意性选题，从而增加视频的播放量和账号的粉丝黏性。

网上有这样一种说法：B 站需要一流创意、二流文案、三流剪辑。

由此可以看出，一个优秀的创意选题是视频内容的基石。B 站有着大量的年轻用户，他们充满好奇心和求知欲，愿意为有创意、新潮、高品质的视频内容"一键三连"。因此，有创意的选题往往能够迅速抓住 B 站用户的心。

我们从以下几个例子来说明，一个有创意的选题能够获得怎样的关注度。

拥有 757.9 万（数据统计截至 2022 年 3 月 14 日）粉丝的游戏区 UP 主"敖厂长"非常善于找到独具创意的选题。大部分游戏区 UP 主往往会围绕新游戏测评、游玩体验、攻略流程等选题来制作内容。但是敖厂长"囧的呼唤"系列视频的选题却常常聚焦于"游戏考古"。他围绕游戏史上那些不为人知的秘密展开介绍，再通过搞笑吐槽、追本溯源、知识拓展等形式为选题填上"骨肉"。他的视频总能激发人们的兴趣。敖厂长的视频如图 3-6 所示。

图 3-6　敖厂长的视频截图

"毕导 THU"的视频选题也非常有创意，这个 UP 主用奇葩的脑洞、永不衰减的好奇心做着刁钻的课题研究，用"小学二年级就学过"的知识来解释生活中的"鸡毛蒜皮"。他把科学知识与日常生活中最微不足道的小事结合到一起，从而碰撞出不一样的火花。毕导 THU 的视频如图 3-7 所示。

图 3-7　毕导 THU 的视频截图

或许大部分 UP 主不能像敖厂长和毕导 THU 一样持续拥有灵感，在这种情况下，需要有意识地培养自己的创意思维。例如，围绕视频主题发散思维，从不同方向寻找选题切入点；不断地问自己"为什么"，养成随时记录、随时思考的好习惯；用新认知来重新组合旧元素……

无论是哪种方式，每一个创意选题的背后永远都离不开努力与付出，只有勤思考、多观察，运营者才有可能找到不一样的创意选题。

匠心打造：聚焦内容，用匠心吸粉

有了好的定位和选题，接下来就要关注内容本身。

B 站可以说是天然的人工爆款土壤，它创造了优质的内容环境，并且其流量推荐机制突出商业化，是非常适合发布优质内容的平台，也是最能让优质内容爆红的平台。可以说 B 站上所有好的内容都会被用户发现，这比其他平台要人性化许多。如果前一期视频的点赞、弹幕、投币、完播率特别好，那下一期视频就非常有可能被推送到更好的位置上。

B 站非常注重优质内容的生产，这一点在其出品的自制内容上就有所体现。无论是文娱类的《说唱新世代》，还是短视频《后浪》，B 站通过它们突显自身专注打造精品内容平台的身份。因此，聚焦优质内容，用匠心吸引粉丝非常重要。

怎么样才能做出优质的视频内容？答案是不同的视频类型有着不同的展现方式。例如，制作一期影视解说，就需要用惊艳且寓教于乐的方式来表现，UP 主"木鱼水心"就在有限的时间里讲解了非常多的优质影片。

经常观看木鱼水心视频的用户肯定能感受到，她的每一篇解说都是用心在做，如《沉默的真相》《在劫难逃》《神探夏洛克》《山海情》《亮剑》等。有时候木鱼水心的视频甚至会长达 1 个小时，在发布之前还会做个小预告，十分用心，如图 3-8 所示。

图 3-8　木鱼水心的超长视频截图

做内容需要匠心，这是 B 站 UP 主成功的法则。从创意到实现，都需要花费大量的精力和时间。为了制作一个 10 分钟不到的视频，UP 主光是花费在录制上的时间往往就要一整天。而策划、撰写文案、前期准备、后期剪辑等繁重的幕后工作更是需要足够的热爱与定力。

要想生产出优质的内容，没有捷径可走。除了对技巧的学习，我们还要学会抛弃浮躁的心态，聚焦内容本身。

当你做完一个视频之后，还要围绕 B 站内容生态进行深度挖掘，从数据、用户的正向反馈及用户自发的二次创作等多个维度进行分析与复盘。通过数据和用户反馈形成一套判断标准，从而帮助我们不断优化后续的视频内容。

3.2　B 站六大爆款内容选题方向

万事开头难，很多人在进军 B 站时，第一步就会被难倒——不知道做什么内容。选题选不好，话题不够吸引人，就算 UP 主的内容做得再用心，也可能是白费功夫。

与此同时，B 站有 15 个内容分区，数百个细分频道，每一类内容都有特定的受众和市场，对于 UP 主而言，可选择的选题范围较广。乱花渐欲迷人眼，从众多选题中选出适合自己的，不是一件容易的事。

为了帮助读者做好内容选题，吸引粉丝，这里总结了 B 站六大爆款内容选题方向。

专业知识科普：通俗易懂，直击痛点

众所周知，B 站是一个学习网站，可以说知识区是 B 站"出圈"以来当之无愧的"黑马"。据火烧云数据观察，当其他分区的新人涨粉能力略显青黄不接时，知识区却异军突起。在不到一年的时间里，知识区不仅出现了"罗翔说刑法"这个拥有千万粉丝的大号，同时也涌现了一批新面孔，如"兔叭咯""毕导 THU"等。

除此之外，法律知识、时事政治、人物历史、热点评说等知识区小类别都有高阶内容创作者涌现。这意味着越来越多的用户开始关注知识区，UP 主发布专业知识科普类的视频确实能在 B 站分得一杯羹。

总结知识区 UP 主的成功经验，我们发现，这些 UP 主发布的视频具有共同点，即视频内容通俗易懂，直击痛点。

以华中师范大学教授戴建业老师为例。2020 年 6 月 17 日，"戴建业老师"在 B 站发布了第一条视频，视频播放量高达 183.5 万。戴建业老师的视频主题聚焦中国古诗词。戴建业老师的个人简介表达了自己入驻 B 站的意愿："大家不要叫我老爷爷，我在 B 站也想变年轻。"那么，戴建业老师是如何将晦涩难懂的古诗词讲解得如此受人欢迎的呢？

1. 内容和语言通俗易懂

要想用户喜爱诗词，首先得让用户听懂诗词的含义。例如，在讲解唐代诗人元稹的《遣悲怀三首》时，戴建业老师是这样讲解的：

先来看第三首，"闲坐悲君亦自悲"，他说我为你悲伤，也为自己悲伤，"百年都是几多时"，人的一生太短暂了，"邓攸无子寻知命，潘岳悼亡犹费词。同穴窅冥何所望？"的意思就是我跟你葬在一起，"他生缘会更难期"，他说来世再做夫妻，那真更是鬼话，那我要怎样报答你呢？"惟将终夜长开眼，报答平生未展眉"，他说我这一辈子生生世世，我要记得你，我再不会找别人了,我一定要报答你跟着我一起受的苦难的恩情……

戴建业老师准确说出了诗人元稹所要表达的意思,对诗词做出了通俗易懂的解释,绘声绘色地为用户讲述看起来晦涩难懂的古代文学,使"遥远"的古人和古代文学变得更加"接地气"。

再如,讲到词人李清照的《如梦令》时,戴建业老师是这样解读的:

有一天晚上,李清照喝了酒,外面狂风骤雨,李清照红着脸问丫鬟,外面的海棠花被吹落了几朵?丫鬟敷衍道:"还是像昨天一样。"感情细腻的李清照一听,发起了脾气,反问:"知否知否,应是绿肥红瘦。"婉约派的温柔女词人,原来也有发脾气的时候。

戴建业老师通俗易懂的解读,既让我们明白"知否知否,应是绿肥红瘦"这句词的含义,也打破了我们对李清照的惯性认知。

2. 直击痛点

在授课过程中,戴建业老师常常抒发自己的情感,让网友深受感动。例如,戴建业老师在读苏轼哀悼妻子的《江城子》时,会联想到自己的人生经历,在满怀感情的朗读下,戴建业老师读着读着就哽咽了:"老实说我每次读到这个词,我就容易读得哭起来。"直击用户泪点,如图 3-9 所示。

图 3-9 戴建业老师的视频截图

戴建业老师在谈诗人李白时,他对网友这样说:"人生失意时读读李白,要相信'天生我材必有用,千金散尽还复来'!"在谈苏轼时,说:"人生迷茫时要读苏轼的'横看成岭侧成峰,远近高低各不同。'"几句话让网友深受鼓舞。

专业知识科普类的视频能让用户在轻松愉悦的氛围下增长知识,深受用户的喜爱,但此类选题不太具有普适性,UP主的个人声望、知识面的宽度,都直接影响粉丝数量和视频的爆火程度。拥有某一领域专业领域知识的用户,可以尝试做专业知识科普类的选题,视频内容要通俗易懂、直击痛点,才有可能脱颖而出。

美食鉴赏制作:讲解真实,差异化制作

美食类的视频主要分为两种,一种是美食鉴赏,另一种是美食教程。

1. 美食鉴赏:讲解真实

美食鉴赏类视频,主要是美食UP主向用户展示自己试吃某种美食的过程。以UP主"盗月社食遇记"为例,主要形式是"团队作战",一男一女在不同地方进店探寻美食,并向用户展示试吃过程,分享试吃感受。

例如,在《100元在东北吃炸串,上来一大盘,嘎吱嘎吱脆得头皮都酥了!》这条视频中,两人在锦州进了一家烤串小店,分享自己的试吃感受。

女:"这个炸完以后,你一咬里面是有空气的,然后油炸的酥皮和酱结合在一块,口感特别好。"

男:"把它炸酥了,里面蓬起来了。吃这个特别有意思,因为外面裹着的这层面衣很酥脆,嚼起来声音就很好听,自己听着也很舒服,然后再往里面嚼,杏鲍菇里面是有些汁水的,就比较有嚼劲,有韧劲儿。"

可以发现,在美食鉴赏视频中,视频主角以试吃者的身份品尝店里的美食,类似"吃播",和屏幕前的用户分享美食的品尝体验。这种视频很容易被B站用户关注,让用户在观看视频的同时忍不住流口水。"盗

月社食遇记"每期视频的播放量均在 200 万左右，每期视频都有大量"看起来就很好吃""疯狂吞口水"的弹幕，如图 3-10 所示。

图 3-10　盗月社食遇记的视频

"盗月社食遇记"的视频主角十分"接地气"，在试吃过程中不会过多在意吃相，哪怕店里有很多人，他们也会十分自然地在镜头前讲解，和用户分享真实的试吃体验，不因"恰饭"而刻意夸赞食物，而是客观评价食物。所以，想做美食探店 UP 主，在拍摄视频之前要学会放下自己的"偶像包袱"，保持真实，才能拉近与粉丝的距离。

2. 美食教程：差异化制作

美食教程类视频，是指 UP 主通过自己的讲解，教网友某一道菜的制作技巧。

例如，美食 UP 主"黑猫厨房"通过还原动漫中美食的方式来教网友做菜，独具特色；UP 主"爱做饭的芋头 SAMA"，利用幽默的解说和"鬼畜"的视频剪辑手法，让美食制作过程充满了乐趣，吸引了一大拨粉丝；再如，UP 主"大碗拿铁"每期视频都会挑战高难度的美食制作，给粉丝带来不一样的惊喜：瀑布麻薯、星空果冻、宝塔肉……

无论是动画美食制作、"鬼畜"的美食制作，还是有挑战性的美食制作，在 B 站美食区都深受欢迎，但深受欢迎的前提是差异化，与众不同才能在众多美食视频中脱颖而出。

总之，美食视频的优势确实显而易见，在当下 B 站用户的认知中，"吃"可以是每个人的日常，可以是高端的历史文化，也可以是小众的二次元，在这个处处是"吃货"的时代，美食类视频注定有无限的潜力。所以，对于 UP 主而言，尝试制作美食鉴赏或美食教程类的视频，未尝不是一个好的选题方向。

真实生活分享：越普通真实，越有人气

自 2018 年下半年起，互联网上掀起了一股 VLOG 热潮，只需要一部手机，人人都可以成为"Vlogger"。伴随着 VLOG 的兴起，真实生活分享类的视频开始大火，B 站上拍摄生活主题的 UP 主也受到用户的欢迎。

在 B 站上观察这些真实生活分享类的视频，我们可以发现，只是单纯地在镜头前分享自己的日常生活，就能轻松收获几十万粉丝，如 UP 主"Jy 小语"，就是一个常常在 B 站分享日常生活的女生。

在她发布的《VLOG09/ 一个人的星期六 / 享受慢节奏生活！》中可以看到，UP 主的视频内容十分简单：去超市买菜，回家做早餐，拿快递……然而就是这些日常生活内容，让她的视频播放量达到了 100 多万。

在 B 站，越普通、越真实的 UP 主，做真实生活分享类的视频就越受欢迎。如 UP 主"是当归哦"，其视频主要记录做饭日常，即使 UP 主很少在镜头前说话，也有很多用户享受她呈现出来的岁月静好的生活状态。截至 2022 年 3 月 14 日，"是当归哦"的粉丝数已达 114 万。

真实的生活分享之所以能得到用户的喜爱，是因为这些内容都是真实的，用户在观看这些视频时，可以与 UP 主共享生活中的惬意与快乐，引起共鸣。

搞笑剧情演绎：幽默而不失深刻，令人回味无穷

B 站的大部分用户，其观看视频最简单的需求就是收获快乐，尤其是被压力压得喘不过气的年轻人，更愿意在 B 站上观看搞笑剧情类的视频，以此缓解焦虑情绪，调节心情。所以我们经常会看到搞笑类视频出现在 B 站的热门榜单上。因此，性格幽默的普通人可以通过视频展现自己的幽默，将欢乐带给用户，从而获得网友的关注。

事实上，搞笑类视频在互联网平台已经趋于饱和，B 站用户的"笑点"也越来越高，普通人要想突出重围，得抓住一些关键点。我们以 B 站生活类 UP 主朱一旦[1]为案例进行分析。

1. 人设鲜明

鲜明的人设，往往具有颠覆感和冲击感，能给 B 站用户留下深刻印象。

"有钱人的快乐往往就是这么朴实无华，且枯燥"，这句话出自 B 站生活类 UP 主"朱一旦的枯燥生活"系列视频。这简短的不足 20 字的台词，已经透露了其在人设定位方面的独特之处。

一提到"总裁"，你的脑海中是否立刻浮现出这样的画面：精致的面孔，身着得体正装，冷着一张脸，和女主角上演恋爱戏码……然而，就是有这样一个人，敢于打破我们对"总裁"的这种刻板印象，从众多同质化的"总裁"UP 主中脱颖而出，这个人就是用很有"总裁 feel"的嗓音讲述幽默剧情的朱一旦。

朱一旦构建的人设如图 3-11 所示。

---

1 2020 年 2 月 12 日，一条长度仅为 3 分 11 秒的视频——《一块劳力士的回家之路》火遍全网，被网友称为该视频创作者朱一旦的"封神之作"，视频发布当天就被推上 B 站热门，一度冲击 B 站全站排行榜第 1 名。

图 3-11 朱一旦的人设

深究朱一旦的人设，我们可以从中发现解构主义的影子，即将既有的观念打碎，然后重新构建与定义事物，给 B 站用户带来全新的"视觉"体验，这也是众多 UP 主要学习的地方。

2. 表演夸张

"朱一旦的枯燥生活"系列视频，从脚本到表演都极度夸张，而这种夸张为其视频增添了不少趣味性。例如，"朱一旦的枯燥生活"一个夸张且带有反转意味的视频《我，破产了！！！》获得了 500 多万的播放量，其脚本如下。

我破产了，当我把这个消息告诉我的员工时，他们从蒙圈中缓过来后，开始暴露真实的面目。但每个人虽看似在骂我，却都不敢怎么发力，只有刚给我擦完皮鞋的他，撕了自己精神领袖的照片，指着我的鼻子，数落我的罪行，从口吐芬芳到口若悬河，最后长舒了一口气，收拾东西准备离开。那有意思的就来了，忽然我们一起祝他愚人节快乐，尔后大家该干啥就干啥，剩下的只有我俩，那场面一度十分尴尬。我强忍着回到办公室，才笑出了"朱"叫。唉，今天是愚人节，"旦"什么也没有改变，你"旦"爷还是你"旦"爷，枯燥。

无论是视频脚本还是视频中人物的肢体动作，我们都能深深感受到该视频的浮夸与反转所带来的趣味性，这在一定程度上帮助朱一旦吸引了众多 B 站用户的注意力。

3. 寓意深刻

与大多数生活类 UP 主不同的是，"朱一旦的枯燥生活"并不是将生活中的琐事拿出来泛泛而谈，也没有简单展示自己精致的生活，而是从社会视角切入，来展示普适性的社会矛盾。

例如，为了讽刺"故宫驾车游玩"一事，"朱一旦的枯燥生活"发布了一条名为《准备去故宫朝圣，有什么建议吗》的视频，其脚本如下。

忽然想逛逛紫禁城，只因早上看了两首古诗，妙哉妙哉，寥寥数字，深宫红墙，了然于眼前。想到能在这纷扰的世界里，避开汽车尾气，呼吸紫禁城下悠长庄严的文化气息，我不禁有些期待，赶紧发了个朋友圈。尔后就被一位好友问候。"故宫一日游，豪车玩全程，拍照送墨镜，独享紫禁城"，开口就是八万块。我有些心动，想到自己能在朋友圈里鹤立鸡群，让自己的朋友刮目相看，他们气急败坏，还要笑脸相待的样子，一定特别好玩。我赶紧交了钱。唉，有钱人的游玩，往往就是这么朴实无华，且枯燥。

从该视频的脚本中可以看出，朱一旦的视频虽然情节简单，但短短一分多钟的视频却揭示了深刻的社会问题，暗讽某些社会现象，令人深思。B 站用户在享受视频趣味性的同时，还能回味无穷。

一个具有出众口才、风趣幽默的人，在哪里都是人们关注的焦点，在 B 站亦是如此。趣味性十足的搞笑剧情演绎可以在短时间内吸引到粉丝，成功出圈。

电竞游戏解说：趣味解说，轻松娱乐

电竞游戏一直是 B 站的重点业务板块，由于游戏本身的趣味性较强，因此任何水平的玩家都可以参与其中。

对比以往在 B 站上较火的游戏教程类视频，如今游戏解说类的视频更受 B 站用户欢迎。

2011 年 9 月 17 日，还在美国求学的百大 UP 主"逍遥散人"在 B 站上传了第一个视频。虽然该视频点击量不高,但"逍遥散人"并没有因此放弃,而是花了 4 个多月的时间通关了这期视频中的高难度游戏,并连续发布了 18 个解说视频。在最后一期视频中,"逍遥散人"剪辑了该款游戏通关过程中的所有精彩镜头,获得 18 万的点击量。也正是因为这条视频,"逍遥散人"开始被 B 站用户所熟知。截至 2022 年 3 月 14 日,"逍遥散人"的粉丝数高达 569.3 万人,视频播放总量也突破 6.4 亿。

"逍遥散人"之所以能在 B 站火起来,归根到底,是因为他的视频解说十分有趣,独具个人特色。他的视频取材范围较广,既有热门游戏,也有不怎么为人所知的小众游戏,这些反差较大的游戏,都能和"逍遥散人"独特的解说风格产生有趣的化学反应,给用户带来轻松愉悦的观看体验。

与游戏教程类的视频相比,解说类的视频难度较大,UP 主需要具备强大的脑洞和灵活的思维,需要紧跟潮流,擅长玩"梗"。可以说,只要游戏行业继续发展,那么趣味性强的游戏解说视频就一直会有忠实的粉丝。

真人才艺展示:真才实学,总能吸引到人

才艺展示类的视频在 B 站具有较高的播放量,如 B 站知名签约歌手冯提莫,唱功广受认可,加上姣好的外形,使她与其他"昙花一现"的 UP 主不同,粉丝数量逐年上涨,视频播放量也十分可观,甚至跻身 2020 年的百大 UP 主榜单。

刻板印象总是会让我们陷入一个认知误区:高颜值、有才艺的展示才能爆火。然而在 B 站并不存在容貌歧视,只要是拥有真才实学的人,都可能一夜爆红。

如 UP 主"广西吴恩师",其貌不扬的他一夜走红,100 多万人为他"上头"。打开吴恩师的视频,我们可以看到昏暗的红砖房内,一张饱经沧桑的脸直面镜头,乍一看或许会以为这是搞笑视频,但打开声音后,

就会听到一个男人的深情吟唱。即使没有声卡、没有修音，吴恩师的声音也清澈入耳。

2020年9月，吴恩师发布了《一路向北》的清唱视频，获得了1027万的播放量，以及1.9万条弹幕。截至2022年3月14日，该视频播放量为1459.2万，收获了167.1万粉丝。

B站用户十分"爱惜人才"，他们不会因外貌、阶层去看低UP主，而是会被UP主的才华所吸引。所以，是金子总会发光的，无论是明星、专家还是素人，只要UP主在B站用心输出真才实学，坚持自己的梦想，定能随着B站一起"出圈"，收获成功。

3.3 B站内容的生产流程

无论是文章写作还是视频创作，都包含在内容生产流程范畴内，一旦某一步骤有遗漏，造成的结果就是创作不畅。为了更好地生产优质内容，UP主需要熟知B站内容的生产流程，从零走上正轨，进而实现突破。

第一阶段：内容冷启动

在B站，一个曾创作过优质内容、获得过较高点赞记录的UP主，其在B站发表的新内容在冷启动[1]阶段将会获得更多流量。例如，B站知名美食UP主"拜托了小翔哥"，在2020年5月与其公司存在纠纷，原账号"翔翔大作战"被冻结。同年6月，小翔哥强势回归，以新人UP主的身份重新入驻B站，由于拥有强大的粉丝基础，新账号在小翔哥的精心运营下重回百大UP主榜单。

但并不是所有人都和小翔哥一样有粉丝基础，对于对B站持观望态度的创作者而言，要想在B站上冷启动账号，可谓举步维艰。在如今的

---

1 冷启动是指在与用户建立有效的关系并持续产生内容及互动前所处的状态。

B 站，要想仅仅凭借内容质量实现冷启动，几乎是一件不可能的事情。因此，UP 主一定要利用好 B 站的推荐机制。

1. 内容 Tag[1] 化

B 站有清晰的分区，有根据内容类型划分的一级导航区，如游戏、纪录片、知识等。以知识区为例，知识区下又分设科学科普、人文历史、财经商业、校园学习等，当我们选中科学科普这一栏目，又能看到环境、科普、生物、气象等小分类。

以 UP 主"绵羊料理"的《10 条黄鱼煮一碗汤！4 两面粉压一张皮！》为例，从她的主页搜索视频名称进入视频详情页，可以看到如图 3-12 所示的四大重要信息。

图 3-12 绵羊料理视频页面

首先是 UP 主的昵称、头像、粉丝数及投稿视频数量；其次，是视频的播放量、弹幕量、评论数和数据排行榜，分别为 335.8 万、2.1 万、5918 和全站排行榜最高第 3 名；再次，是视频的点赞量、投币量和收藏量，分别为 47.4 万、21.7 万、5 万；最后，是关键词，视频下方既有"小吃""一人食""烹饪"等专辑标签，也有"美食 VLOG""制作教程""料理制作"等普通热度话题。

这四大信息算是"绵羊料理"的 Tag，那么这些 Tag 是怎么来的呢？

---

1 Tag 指标签。

哪些 Tag 是 UP 主自己可以控制的呢？

除了动态数据，如粉丝数、播放量、弹幕量、数据排行榜等，其他静态 Tag 是 UP 主在发布视频之前能够控制的。在 B 站创作中心的投稿页面可以发现，当用户上传视频后，可以填写的内容有视频的标题、分区和标签、类型、简介等。在视频标签中，我们可以选择"推荐标签"中的任意标签，也可以参与 B 站的热门活动，如图 3-13 所示。

图 3-13　B 站投稿页面

根据视频内容，UP 主要精准填写视频 Tag，如生活类的视频就选择生活区，标签选择"生活记录""VLOG""记录"等词条，并参与相关活动，就能对标到拥有这类观看需求的用户。

2."训练"待看清单

B 站 UP 主"剑眉星目的码字君"（简称"剑君"）最开始也是冷启动，

为了冷启动账号，剑君在账号运营期间观看了许多同类型的视频。其他UP主也可以像剑君一样，利用B站推荐算法，"训练"自己的待看清单。剑君观看完同类型视频，训练出自己的待看清单后，当我们看完剑君的视频，就会收到同类型的视频推荐，剑君的其他视频就可能会出现在推荐页面之中，如图3-14所示。

图3-14　B站给剑君的推荐

第二阶段：持续输出高质量内容

Tag的选取固然重要，但都不过是短时间的引流，要想获得长期关注与收益，就得培养自己的持续创作能力。剑君就是凭借持续打磨内容、持续精进，获得了更多的流量。

翻阅剑君投稿的视频，可以发现剑君的前期视频都是围绕写作来进行的，如《标题怎么写》《建立素材库》《仿写练习》等，并且视频封面都较为严肃、死板。后来经过调整，剑君的视频内容开始向网文写作方向发展，并且视频封面也开始符合B站的调性，如图3-15所示。

图 3-15 剑君视频前后对比

基于 B 站对内容原创度、垂直度的衡量，剑君开始深耕网文写作领域，并保持稳定的更新频率和内容质量，从最开始简单的写作技巧延伸到小说对白写作、叙事小说写作要素、小说开头写作等具体写作领域。视频时长也慢慢由最开始的 1 分钟以内加长至 5～6 分钟。

剑君的内容讲解也更细致，前后期视频内容讲解对比如表 3-1 所示。

表 3-1 剑君视频内容的前后对比

前期视频	后期视频
30 秒学一个写作小技巧：标题怎么写？有四种方法，一是运用修辞（举例），二是用数学公式（举例），三是直言事理（举例），四是反常求异（举例），你学会了吗？	我们先要搞清楚什么是悬念，理解了悬念才能正确设置悬念，避免做无用功。悬念就是读者对小说中人物命运的遭遇、未知情节的发展变化所持的一种急切期待的心情，通过悬念的定义我们可以明白，设置悬念一定要紧紧围绕这几个关键词：遭遇、未知、变化、急切期待……

与此同时，视频的展现形式也由一开始单纯的 PPT 转变成"真人原声讲解 +PPT+ 表情包"的组合形式，如图 3-16 所示。

图 3-16　剑君如今的视频展现形式

从整体上来看，相较之前，剑君的视频内容现在更有深度，讲解更具体，视频的展现形式也更生动活泼。随着内容质量的提升，剑君的粉丝数量也大幅增长，视频播放量更为可观。

事实上，B 站的内容输出并非一朝一夕的事情，UP 主要想持续输出高质量内容，跟上时代潮流，最直接的方法是建立优质的素材库。

建立素材库的方法有两种，一种是从相关的网站或平台中选择素材，如抖音、快手、微信视频号、爱奇艺、腾讯视频等平台；另一种是捕捉热点素材，如常规性热点素材、突发性热点素材、预判性热点素材。UP 主可以将这些积累的素材分门别类地放进自己的素材库中，并根据这些素材发散思维，制作出优质视频内容。

第三阶段：塑造与沉淀社区文化

有了高质量内容的加持，UP 主在 B 站上自然也会感受到良好的社区氛围：粉丝对 UP 主的夸赞，对视频内容的评价，对视频细节的反馈等。面对热情的粉丝，UP 主也要学会与粉丝积极互动，用内容去回应粉丝，塑造与沉淀自己的社区文化。

1. 内容选题尊重用户需求

知名影视 UP 主"老邪说电影"，会在视频内容选题上尊重粉丝的意愿，在某一期视频开头，老邪这样说：

"哈喽大家好，我是正经的老邪，前几天答应大家，会做一期×××的吐槽……"

在内容选题上首先就满足了观众的观看需求，粉丝在观看视频的同时，也能与 UP 主所吐槽的点产生共鸣。

再如，有些粉丝在看完某期视频后会在评论区留言，希望 UP 主之后做某一种选题，如图 3-17 所示。

图 3-17　剑君视频评论截图

UP 主要关注评论区的建议，在内容选题上尽量满足粉丝的观看需求，可以有效增强粉丝黏性。

2. 多发动态，互动抽奖

除了定期发布投稿视频，UP 主也可以在动态里采用互动抽奖的方式与用户互动，哔哩哔哩纪录片就是如此，文案如下。

曾几何时，本菌也被螺蛳粉那味儿劝退，但在勇敢张开第一口后，仿佛打开了新世界，那辣油卤子配酸笋，简直香臭上瘾！你#第一次吃螺蛳粉的反应#是什么？是大呼真香，还是再也不见？戳网页链接参与话题讨论，分享你的螺蛳粉"初体验"，就有机会赢取限量周边大奖噢！

此动态一发，引发网友的纷纷互动，这种方式既在一定程度上增强了用户黏性，同时也在 B 站营造了良好的美食社区文化，提升用户对美食的认同感。

社区文化的塑造与沉淀，归根到底取决于 UP 主的视频质量，再多抽奖，再多互动，也不抵一期高质量视频所带来的忠实粉丝多。正所谓"内容为王"，UP 主只有用心做好内容，才可能在 B 站掘金。

3.4 B 站内容反馈策略：小黑屋公示 + 风纪委员会自治

2017 年 2 月 26 日，B 站小黑屋功能开始内测，同年 6 月 15 日，风纪委员会上线试运营。小黑屋是 B 站处罚违规用户的公示平台，风纪委员会是对违规行为进行仲裁的组织。小黑屋和风纪委员会的出现，是 B 站内容反馈闭环的重要一环，把审核维护的部分工作交给了用户。这样做，一方面，增加了用户的黏性和活跃度；另一方面，也保证了内容质量和社区的良好氛围。

"小黑屋"这个词，最初出现在水木论坛，"关进小黑屋"是指版主[1]对那些违反论坛规则的人进行禁言的行为。因为特别形象,之后就在各大互联网论坛和贴吧里被广泛使用。而风纪委员会这个名字,正是"万能的B站人"喜欢的风格。

最初的B站,是80后、90后甚至00后动漫迷的乐园,然而,随着B站的迅速发展,B站正在逐渐摘除原来单一的二次元标签,变得更加多元。与此同时,B站也面临着很多垃圾信息和"键盘侠"的威胁,内容质量和社区氛围受到了严重影响。在这种情况下,仅凭B站的工作人员根本无法保证社区的调性和内容的质量。

此外,B站那些早期的、有情怀的用户也不愿意看到B站充斥着各种违纪违规言论,但最初他们的反馈在很多时候并不能产生实际效果,很多核心用户因此流失。小黑屋与风纪委员会的出现很好地解决了这些问题,它发动B站用户对站内的内容进行自查。

那么对于在B站上活跃的普通人而言,要想在B站运营好自己的账号,就要了解B站的规则,并严格遵守。

点开B站右上角的"小黑屋"图标,我们可以看到账号的违规情况、B站社区公告板、社区规范、处罚条例、加入风纪委员会的通道及违规公示动态,如图3-18所示。

B站的社区规范主要包含7个方面的内容,如表3-2所示。

表3-2 B站的社区规范

社区规范	具体内容
"九不准"原则	1. 不准违反宪法所确定的基本原则 2. 不准危害国家安全,泄露国家秘密,颠覆国家政权,破坏国家统一 3. 不准损害国家荣誉和利益 4. 不准煽动民族仇恨、民族歧视,破坏民族团结 5. 不准破坏国家宗教政策,宣扬邪教和封建迷信

---

1 指对网站的主页或某个栏目进行管理和维护的人。

续表

社区规范	具体内容
"九不准"原则	6. 不准散布谣言，扰乱社会秩序，破坏社会稳定 7. 不准散布淫秽、色情、赌博、暴力、凶杀、恐怖或者教唆犯罪内容 8. 不准侮辱或者诽谤他人，侵害他人合法权益 9. 不准含有法律、行政法规禁止的其他内容
违禁内容	1. 关于裸露和色情的内容 2. 关于暴力、有危害性或危险性内容 3. 个人隐私 4. 恶意冒充他人 5. 人身攻击 6. 垃圾内容
用户账号使用规范	用户在使用自定义功能、个性化信息时，请遵守国家相关法律法规，不得在具体内容中发布违禁信息，违规账号信息及空间信息将被屏蔽甚至封禁。不得以任何手段窃取或盗用他人的B站账号。切勿将自己的账号用户名及密码告诉他人
投稿规范	1. 拒绝"标题党"：封面图应与视频主体内容一致，不能使用动态图片；标题不能填写无意义的，与视频内容不符的，甚至具有挑衅、煽动或引战性质的标题；应填写与视频内容相关的标签 2. 其他投稿规则：标题中禁止出现画质/音质测试及相关文字，标题尽量使用中文和常见的翻译；视频出处要准确填写；视频简介内容不能违反"九不准"原则，视频中涉及的素材，要在简介中提及；相同内容的搬运稿件在本站只允许存在一个；投稿时要正确选择稿件所属分区；视频内容或投稿信息存在违规内容时，稿件将予以退回；内容严重违规时，将予以警告；转载他人视频时，不得添加任何的广告内容
特别提醒	1. 不剧透 2. 不引战 3. 不刷屏
对用户在使用时的一些建议	希望用户在提出意见时，能秉持尊重上传者及其作品的原则，公正客观地对其作品进行评价，与作者交换意见，委婉的语气更容易让人接受。鼓励用户积极留言评论

续表

社区规范	具体内容
举报不当内容	1. 稿件举报 2. 评论举报 3. 弹幕举报

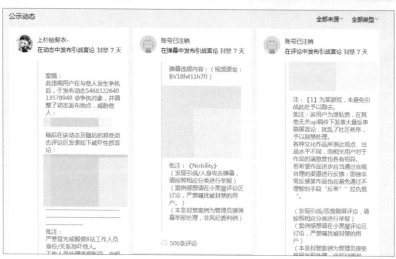

图3-18　B站"小黑屋"

如果出现账号被封禁的情况，可以进入"小黑屋"中查看"公示动态"，风纪委员会成员会指出账号的违规行为，同时进行批注，提出改进建议并给出处罚措施。

从小黑屋公示中，我们也能够感受到B站强烈的社区属性。大部分风纪委员会成员都会对违规行为做出认真负责甚至充满文采、幽默感十足的批注，让处罚变得人情味十足。这一机制在很大程度上矫正了用户的不良行为，同时也尽可能避免违规用户因不满处罚而流失。

如果想要加入风纪委员会，只需要会员等级在 4 级以上、90 天无违规且通过实名认证即可。风纪委员会成员的职责是对违规事件进行投票，对社区违规行为进行仲裁。小黑屋惩罚封禁天数有 7 天、15 天、30 天、永久封禁这四个等级，公示并不会随着惩罚结束而删除，会一直保留下去。另外，风纪委员若有违规操作，也会被撤销资格，以确保审核公平。

第 4 章
B 站 UP 主的六大变现模式

对于 B 站而言,能让 UP 主"恰到饭"、挣到钱,是 B 站市值登上下一台阶的关键。在 B 站,UP 主的变现模式主要分为六种,即"充电计划""激励计划""悬赏计划"、花火平台、商务合作及课程变现。

4.1 "充电计划":最直接的变现方式

商业化浪潮下,B 站的初心一直都是"为爱发电"。

2016 年,B 站推出了"充电计划",开通"充电计划"的 UP 主,其用户可以为其"充电"[1],打赏 UP 主。对于 UP 主而言,这是最直接的变现方式。作为 B 站提供的线上打赏功能,"充电计划"具有以下四大特点。

不影响任何视频的观看和弹幕体验。

不强制,遵循用户自愿原则。

鼓励 UP 主自制商业内容,帮助 UP 主获得更多充电电池(B 站 UP 主的充电面板如图 4-1 所示),保持 UP 主的独立性,从一定程度上解决

---

1 "充电"是指 B 站为维护健康的生态圈而推出的在线打赏功能,鼓励 B 站用户为喜爱的 UP 主"充电"。

UP 主的经济来源问题。

图 4-1　B 站充电面板

事实上，作为 B 站最原始的赚钱模式，"为爱发电"也曾因为变现较少而饱受诟病，但这并不影响优质 UP 主对"为爱发电"的青睐。

"充电计划"的加入方法与规则

UP 主要想在 B 站获得"充电计划"的收益，首先得了解"充电计划"的入驻条件、使用规则和收益细则。

1. 入驻条件

加入"充电计划"的步骤十分简单，以 PC 端为例，UP 主可以在"创作中心"的"收益管理"界面单击"充电计划"按钮，查阅并同意《哔哩哔哩充电计划用户协议》后，申请加入即可。

申请提交后，平台会在第一时间审核 UP 主的申请，审核通过后，UP 主就加入了"充电计划"。此时 UP 主的个人空间主页会出现"充电面板"，可供粉丝为其充电。

2. 使用规则

在加入"充电计划"之前，UP 主不得与任何第三方签订与"充电计划"协议相冲突的协议或做出与其相悖的承诺。

与此同时，UP 主要保证加入"充电计划"后遵守诚实守信的原则，不存在以不正当手段使用"充电计划"的情况，如利用"充电计划"、哔哩哔哩或第三方渠道的规则、系统漏洞谋取利益，或通过机器人软件、爬虫软件等不正当方式对充电量、贝壳数量进行操控等。

若UP主参与"充电计划"的某个视频素材侵犯了其他作者的合法权益，平台会通知UP主进行修改，若UP主不做修改，则B站会取消该作品显示充电面板的资格。

3. 收益细则

"充电计划"没有具体的"充电"金额要求，用户可以在"为TA充电"处自定义充电金额，充电须由B币[1]发起，若B币余额不足，可进行充值。在"充电计划"试运行期间，扣除外部支付成本和税费后，B站将收取UP主30%的渠道服务费[2]，因此UP主获得的"充电计划"收入，是指扣除了支付成本、税费及B站渠道服务费的收入。

UP主的每月电池收入会实时转入贝壳[3]账户，"充电计划"获得的贝壳将会在次月6日0点前完成审核，结算比例为10个电池=1贝壳=1元。

"充电计划"的提现路径为"我的钱包→贝壳→提现"，银行卡的提现时间为每日6:00～23:59，UP主申请提现的银行卡（境内卡）必须由实名认证时所使用的证件办理，姓名须与实名认证的姓名一致。

哪些内容更能吸引用户"充电"？

根据飞瓜数据[4]发布的B站UP主充电排行榜周榜，我们可以通过周期时间内的充电人数、充电人数增长率来找出吸引用户"充电"的内容。B站2022年3月14日充电榜前八名如图4-2所示。

1　B币是B站为UP主提供的、用于在B站平台上进行消费的虚拟币，可用于购买B站平台上的各种虚拟产品和增值服务。
2　渠道服务费包括网络宽带、IDC（互联网数据中心）、客服等运营成本。
3　B站可用于结算的货币。
4　飞瓜数据是福州西瓜文化传播有限公司旗下的产品，是一款短视频及直播数据查询、运营及广告投放效果监控的专业工具。

排行榜	up主信息	飞瓜指数	充电总人数	充电人数增量	充电人数增长率
1	BBGG、狮子喵 lv6 | 知名UP主认证、头部达人	1402.0	952	187	24.41%
2	红警HBK08 lv6 | 知名UP主认证、头部达人	1402.6	1.7w	134	0.82%
3	贾布加布 lv6 | 腰部达人	1390.1	1992	120	6.41%
4	希糯糯w lv4 | 腰部达人	1069.6	2980	84	2.90%
5	老爸环游记 lv6 | 腰部达人	1220.0	2244	78	3.60%
6	乡村教师日记 lv6 | 知名UP主认证、头部达人	1461.0	2.1w	77	0.36%
7	随义のfreely lv6 | 知名UP主认证、腰部达人	1339.2	8716	74	0.86%
8	小约翰可汗 lv6 | 知名UP主认证、头部达人	1559.8	2.2w	48	0.22%

图 4-2　2022 年 3 月 14 日充电榜前八名

从榜单可知，生活、游戏、动画、资讯等方面的内容更容易吸引用户“充电”，尤其是游戏类内容，排名与增长都较为可观。

以排名第一、第二的 UP 主为例，“BBGG 、狮子喵”和“红警 HBK08”都是 B 站游戏区的知名 UP 主，发布的视频主题以游戏解说为主，视频播放量和充电数量都十分可观。

对于普通 UP 主而言，只要输出的内容优质，作品能打动用户，用户也十分乐意通过充电的方式向其表达喜爱。

4.2 “激励计划”：10000 播放量 ≈30 元

“喜大普奔！”

“奔走相告！”

2018 年 1 月 25 日，B 站在微博平台发布了《致 UP 主的一封信》之后，UP 主们几乎喜极而泣，开始广泛传播这封信的内容。

在这封信里，B 站推出了“bilibili 创作激励计划”，计划中指出，只要粉丝数或作品播放量达到要求，UP 主即可加入该计划，通过 B 站的综合评估后将会获得补贴。

值得注意的是，该补贴只针对 UGC 原创内容，且不包含商业推广，UP 主要想获得补贴，就要将 B 站作为视频发布的第一平台。相较之前单一的"为爱发电"，实行"激励计划"后 UP 主的经济来源渠道扩大，持续创作内容的信心与积极性也大大提升。

"激励计划"的入驻条件与行为规范

与过去相比，"激励计划"的入驻条件有所放松，目的是激励更多的 UP 主创作内容。"激励计划"入驻条件的前后对比如表 4-1 所示。

表 4-1 "激励计划"入驻条件的前后对比

以往申请条件	当前申请条件
UP 主的粉丝数量须达到 1000 或视频累计播放量达 10 万；UP 主的视频创造力或影响力不低于 55 分，且信用分不低于 80 分	视频：UP 主的创造力或影响力不低于 55 分，且信用分不低于 80 分（以申请时刻的实时电磁力为准）； 专栏：阅读量不低于 10 万（以创作中心首页数据为准）； 素材：有自制音频被选入手机投稿 BGM 素材库（视频、专栏和素材的激励计划申请彼此独立）

申请加入"激励计划"的步骤十分简单，符合要求的 UP 主，可以在创作中心中的收益管理的创作激励中提交申请，平台会在 3 日内完成审核，审核通过的 UP 主会收到系统通知，享受"激励计划"的权益。

创造力、影响力和信用分是 B 站综合评估 UP 主能力的数值体系，UP 主可以在"创作中心→创作实验室→UP 主电磁力等级"中查看自己的数值。虽然看上去加入"激励计划"的申请难度降低了，但依然有许多 UP 主"卡"在创造力、影响力及信用分这三个数值上。

那么这三个数值如何才能达标呢？具体措施如下。

首先是提升创作力，UP 主可以向 B 站投递自制稿件，在学习创作技巧的同时，持续输出优质内容，提升作品质量。

其次是提升影响力，影响力是指 UP 主的粉丝数及与粉丝的互动热度。UP 主要想提升账号影响力，须重视用户反馈，积极与用户互动，提升粉丝忠诚度。同时，UP 主还可以多参与 B 站活动，通过"追热点"的方式获得大量粉丝，进而扩大影响力。

最后是提高信用分，UP 主只要严格遵守 B 站平台的创作规则，账号信用分自然不会太低。但每出现一个违规稿件，信用分就会被扣掉 5 分。

加入"激励计划"的 UP 主需要遵守国家相关法律法规，遵守 B 站投稿规范和分区规范，为自己所发布的信息承担相应的法律责任；须遵守 B 站的社区规则，若 B 站账号被非永久性封禁，封禁期间稿件产生的任何数据都不获得激励收益，封禁结束后继续享受"激励计划"相关权益；被永久封禁的 B 站账号，将被平台视为自动退出"激励计划"，激励收益也会在封禁当日停止计算；平台严禁通过非合理手段（刷播放量、阅读量、收藏量、弹幕量、转载量等）牟取不正当收益。

为了有效规范 UP 主的行为，B 站出台了"激励计划"的相关惩罚条款。假设 UP 主小 A 使用非自制稿件参加了"激励计划"，一经核实，那么小 A 发布的违规稿件将被永远取消参加"激励计划"的资格，不会获得任何激励收益，小 A 也会被警告并被系统重点监测。若小 A 违规两次，平台将会暂停计算小 A 10 天的激励收益。若小 A 违规 3 次及以上，小 A "激励计划"的权利将被永久取消。

与此同时，小 A 若在其他平台发布稿件的时间早于 B 站，一经核实，将被取消参与"激励计划"的资格，不再获得任何激励收益，违规次数的惩罚规定与违规稿件的惩罚相同。

小 A 的稿件中若含有任何侵犯第三方合法权益的内容，一经核实，小 A 将被取消参与"激励计划"的资格，不再获得任何激励收益。

若小 A 以非合理手段牟取不正当收益，一经核实，将被取消因异常数据获得的激励收益，并被警告且被重点监测，若被证实为本人所为，那么小 A "激励计划"的相关权利将被永久取消。

"激励计划"的收益获取规则

大部分人更关注的是"激励计划"所产生的收益。加入"激励计划"的 UP 主,若视频播放量达到 10000,那么大约可以获得 30 元激励收益,具体收益受到视频相关数据的影响。

以"剑眉星目的码字君"为例,剑君加入视频创作激励后,平台在他投稿的第二天开始计算收益;加入专栏创作激励计划的剑君,在单篇专栏阅读量达到 1000 时开始计算收益;加入素材创作激励计划的剑君,若其他 UP 主使用了剑君的 BGM 制作视频,且视频产生了收益,平台就会为剑君计算 BGM 的素材收益。需要注意的是,剑君若使用自己贡献的 BGM,是不会额外计算 BGM 素材收益的。

由于数据计算及校验等原因,剑君的稿件每日产生的收益将会于两天后在平台上展示,计算结果小于 0.01 的部分不被展示。

视频、专栏、素材激励收益的衡量标准如表 4-2 所示。

表 4-2 视频、专栏、素材激励收益的衡量标准

视频激励收益	专栏激励收益	素材激励收益
由稿件本身的内容价值决定,包括用户喜爱度、内容流行度和内容垂直度等指数,其中,用户喜爱度是首要衡量指标	由专栏稿件本身的内容价值决定,包括内容流行度、用户喜爱度和内容垂直度等指数	由该素材被使用的次数,以及使用该素材的视频内容价值决定

获得的激励收益通过"贝壳系统"结算,剑君的贝壳账户达到 100 贝壳(贝壳即 B 站货币,1 贝壳等于 1 元人民币)后即可提现,如图 4-3 所示。

图 4-3 "激励计划"的结算系统截图

"激励计划"不会影响剑君稿件的正常发布、观看及平台的其他相关功能。若剑君不想加入"激励计划",可以选择退出,退出后可再次申请加入,确认退出的当天,剑君的所有稿件都会停止计算收益。

除了提现外,剑君还可以使用激励金兑换功能,账户内待结算的激励金均可用于兑换会员购券和大会员,兑换后从待结算金额中扣除相应金额即可。例如,剑君每月使用激励金兑换所有商品的总额度,共计5000元人民币。

"激励计划"下 UP 主可参与的活动

已加入视频创作激励计划,激励状态正常(非封禁/清退状态),且未触发低质预警,参与相关活动时,实时粉丝数不高于 50 万的 UP 主,可以参与以下 3 个活动获取相关收益。

1. 爆款小目标

在创作激励页面,我们能看到"爆款小目标"的参与入口,其具体玩法主要分为以下四步。

第一步是设定小目标。UP 主可自行设定一个小目标,小目标于 7 天后失效。小目标不能低于起始档(起始档由 UP 主粉丝数决定)。小目标的起始档和可选档如表 4-3 所示(w= 万)。

表 4-3 小目标的起始档和可选档

粉丝数	起始档级别	小目标起始档	小目标可选档
[0,5w)	A	单稿播放量 [1w,5w) 且点赞率≥4%	ABCDEFG
[5w,10w)	B	单稿播放量 [5w,10w) 且点赞率≥4%	BCDEFG
[10w,30w)	C	单稿播放量 [10w,30w) 且点赞率≥4%	CDEFG

续表

粉丝数	起始档级别	小目标起始档	小目标可选档
[30w,50w)	D	单稿播放量 [30w,50w) 且点赞率≥4%	DEFG
[50w,70w)	E	单稿播放量 [50w,70w) 且点赞率≥4%	EFG
[70w,100w)	F	单稿播放量 [70w,100w) 且点赞率≥4%	FG
≥100w	G	单稿播放量≥100w 且点赞率≥4%	G

第二步是投递自制稿件，开启目标周期。UP 主设定完小目标，在目标有效期内，将新投递的自制稿件关联至小目标。B 站会统计关联稿件首次设为公开浏览状态后 7 天内的数据，用于评估小目标的完成情况。

第三步是瓜分奖金池。B 站每周会开放奖金池，UP 主在当周投稿且达成小目标，就可以参与瓜分每周奖金池，每周最多 3 条稿件可参与瓜分。与此同时，UP 主也可以挑战高难度的小目标，完成后即可获得翻倍奖金。

例如，拥有 7634 粉丝的剑君，可以设定 A、B、C、D、E、F、G 七档目标，完成后可获取不同倍数的奖金，如表 4-4 所示（w=万）。

表 4-4 翻倍奖金示例

粉丝数	起始档级别	小目标起始档	设定资格	成功奖金
[0,5w)	A	单稿播放量 [1w,5w) 且点赞率≥4%	有	当期单倍奖金×0.5
[5w,10w)	B	单稿播放量 [5w,10w) 且点赞率≥4%	有	当期单倍奖金×1
[10w,30w)	C	单稿播放量 [10w,30w) 且点赞率≥4%	有	当期单倍奖金×2

续表

粉丝数	起始档级别	小目标起始档	设定资格	成功奖金
[30w,50w)	D	单稿播放量 [30w,50w)且点赞率≥4%	有	当期单倍奖金×4
[50w,70w)	E	单稿播放量 [50w,70w)且点赞率≥4%	有	当期单倍奖金×6
[70w,100w)	F	单稿播放量 [70w,100w)且点赞率≥4%	有	当期单倍奖金×8
≥100w	G	单稿播放量≥100w且点赞率≥4%	有	当期单倍奖金×10

完成小目标后，UP 主可在爆款小目标的参与记录中，查看自己参与活动的实时状态。若每期开奖日为 T，那么奖金会在 T 日起 21 天后的 24 点到期，UP 主需要在此节点之前完成奖金的手动领取。

需要注意的是，UP 主一旦设定了小目标，是不能再进行修改的。无论本期目标完成与否，若 UP 主想更换小目标参与活动，需要前往活动页面，重新设定小目标。

2. 涨粉攻擂赛

与爆款小目标相同，涨粉攻擂赛的参与入口也在"创作激励"页面，但涨粉攻擂赛的参与周期较长，按自然月进行，发奖日期为次月 5 日。

UP 主报名涨粉攻擂赛后，可以看到上届"擂主"的涨粉数据，在报名当月，若 UP 主的涨粉数、涨粉率、信用分均超过"擂主"，那么就可以参与瓜分奖金池的活动。

3. 爆款涨粉累计任务

B 站的爆款涨粉累计任务于 2021 年 5 月 26 日上线，UP 主完成 1 次开奖时间晚于 5 月 26 日的爆款小目标/涨粉攻擂赛，即可开启对应的累计任务。换言之，UP 主如果只完成了 2021 年 5 月 10 日及以前的爆款小目标,或者只完成了 2021 年 4 月及之前的涨粉攻擂赛,由于活动开奖时间均早于累计任务的上线日期,所以 UP 主无法开启爆款涨粉累计任务。

开启爆款涨粉累计任务后,UP 主可以在"玩法模块"看到爆款涨粉累计任务的进度条。

那么爆款涨粉累计任务又该怎么玩呢?我们仍以 UP 主剑君为例。

首先是爆款小目标的累计任务,活动周期为 8 周,剑君每完成 1 次爆款小目标,就可点亮活动进度条中的 1 台"小电视",累计完成 3 次后,本期累计任务就已完成,剑君可以在已有奖金的基础上(每周瓜分 30 万元专项推广金),额外领取 300 元的激励金。

其次是涨粉小目标的累计任务,活动周期为 6 个月,剑君每完成 1 次涨粉攻擂赛,就可点亮活动进度条中的 1 台"小电视",累计完成 3 次后,本期累计任务就已完成,剑君可以在已有奖金的基础上(每周瓜分 15 万元专项推广金),额外领取 500 元的激励金。爆款涨粉累计任务的奖金会在累计任务完成后的 2 个工作日内发放到剑君的激励金账户。

需要注意的是,累计任务的奖金与单次玩法的奖金并不冲突,UP 主每完成一次爆款小目标或涨粉攻擂赛,均可参与单次的奖金瓜分活动,完成累计任务后,额外领取激励金即可。

"激励计划"的两大优势

互联网时代的新媒体平台,为了激励内容创作者输出内容,会各自推出激励计划。例如,2014 年优酷为了支持原创视频作者,宣布投入 3 亿资金;2016 年,今日头条宣布拿出 10 亿资金扶持短视频的发展;2017 年,新浪微博正式成立 30 亿元联合出品基金,扶持优质 MCN 机构[1];2021 年,抖音上线创作者成长进阶计划,对拥有一定量级的粉丝的创作者进行扶持……

---

1 MCN 是指短视频机构,此概念源于国外互联网领域,广义上是指有能力服务和管理一定规模账号的内容创作机构。

相比较其他平台数以亿计的激励金额，B站的"激励计划"显得更为细水长流，其具体优势如下。

1. 激励无上限，适合 UP 主长期发展

针对 B 站的激励额度，B 站 COO（首席运营官）李旎曾对外表示："我们不会预设一个资金限额，不会说超过某个数额我们就不再补贴了，对 UP 主的补贴，将是一个长期的、持续性的计划。"

可见，B 站对 UP 主的激励是一种长期可持续的扶持，创作者输出的内容只要够出彩，能源源不断地吸引用户观看，那么 UP 主就会一直收到投稿视频的创作激励，获得稳定的经济来源。

与此同时，B 站的"激励计划"发展态势良好。2021 年 B 站第二季度的财报显示，B 站 2021 年第二季度的月均活跃 UP 主同比增长 25%，月均投稿量同比增长 41%。

这一数据的背后必定有"激励计划"的功劳。

"激励计划"让 UP 主有了收入保障，UP 主在拥有经济保障的前提下，更加有信心和精力创作更优质的内容，而优质的内容又会为 B 站吸引更多用户，"反哺"UP 主。总之，在"激励计划"的影响下，B 站形成了"创作—吸引—激励"的良性生态链，这种良性生态链对于 B 站 UP 主而言，意味着更加长期且稳定的内容创作环境。

2. 门槛低，对新人 UP 主友好

相较其他只扶持头部达人的平台，B 站"激励计划"所涉及的范围更加广泛，入驻门槛较低，新人 UP 主只需用心、持续输出内容，达到入驻条件后，就可以开通"激励计划"，然后根据投稿视频的数据获得相关收益。

4.3 "悬赏计划":在视频下方悬挂广告

在推出"激励计划"的同年,B 站也推出了"悬赏计划",UP 主粉丝数只要达到 1000,在一个月内发布一条原创视频,且实名认证后,就可以报名加入"悬赏计划"。

"悬赏计划"是 B 站帮助 UP 主在视频下方悬挂广告来获取收益的官方商业计划,悬挂的广告会标上"UP 主推荐广告"字样。

对于 UP 主而言,"悬赏计划"是一种零创作负担的变现方式,只要是原创且无其他商单的视频,UP 主都可以选择关联悬赏任务,在没有周期限制的情况下获取收益。

"悬赏计划"的变现优势与规则说明

UP 主要想利用"悬赏计划"在 B 站掘金,首先得了解"悬赏计划"的变现优势与相关规则。

1. 变现优势

B 站为了能让"悬赏计划"顺利进行,打造了一个专属于 B 站的海量商品库(覆盖美妆、美食、服饰等品类),UP 主可以在商品库中挑选自己想要带的货。

UP 主领取广告任务后,可以将广告任务设置在弹幕、橱窗或者视频下方,以此赚取收益,并可以自定义个性广告文案。

UP 主通过"悬赏计划"得到的带货分成将自动打入 UP 主的阿里妈妈账户中,UP 主可随时查看,定时提取。

与此同时,"悬赏计划"不会干涉 UP 主的内容创作,UP 主只要将自己喜欢的商品或广告放在视频中获取收益即可。

2. 规则说明

UP 主可以在一个视频内设置 5 个悬赏任务,但只可以是"橱窗"或"弹幕"中的一种,在播放界面下方可以悬挂多个悬赏任务,粉丝点击 UP 主的视频时一次只能看到一个任务。

UP主报名"悬赏计划"的方式有两种,一种是直接报名,另一种是通过第三方机构报名。前者产生的收益会直接以贝壳的方式支付,后者将统一结算给合作机构。若是个人报名,UP主可以获取广告出价的50%;若是通过机构报名,机构则可以获取广告出价的60%,后续如何与UP主分成,则需要双方自主协商。虽然个人报名的收益分成比例会高一些,但UP主通过机构报名接到的订单价格也会更高。

除此之外,针对广告任务,B站会扣除一定比例的管理费用。若为个人报名,管理费用的比例为50%,若通过第三方机构报名,管理费用比例为40%,最终的收益金额将在"悬赏计划"的"商业数据"中体现;针对电商任务,扣除统一的淘宝抽成后,佣金分成将会直接显示在UP主的阿里妈妈账户中,B站不再扣除其他费用。

"悬赏计划"两种变现方式

B站的"悬赏计划"主要有广告悬赏任务和商品类悬赏任务这两种。

1. 广告悬赏任务:按曝光量计算收益

广告悬赏任务由与B站合作的广告方发起,UP主要想接任务,粉丝数量须达标,达标后可根据自身情况挑选相关广告任务,最后按广告的曝光量来计算收益。

如UP主"钳子拯救没胃口"在《这种抱脸虫,一只才100多块,贼好吃》这条视频下方就放了广告链接,如图4-4所示。

假设该广告按12元/千次曝光量来算,"钳子拯救没胃口"这条视频播量有12.9万次,那么该视频将有1548(即12×129)元的广告收益。

图 4-4　广告悬赏任务页面截图

2. 商品类悬赏任务：按广告的实际分佣计算收益

除广告收益外，UP 主还可以在视频下方关联淘宝客商品，用户在观看视频时点击视频下方的商品后，可跳转至淘宝并下单，粉丝确认收货后，UP 主可获取相应分成收益。商品类悬赏任务页面如图 4-5 所示。

图 4-5　商品类悬赏任务页面截图

淘宝客的商品任务结算公式为订单实付金额 × 佣金比 ×（1-淘宝客抽成比）× UP 主或机构分成比。其中，佣金比由商家在淘宝客平台设置，淘宝客抽成比为 10%，商品类悬赏任务的 UP 主或机构分成比例为 100%。

例如，上图中的广告订单单价为 19.9 元，假设该视频发布后，该商品实际销量为 100，那么订单实付金额为 1990 元，若佣金比例为 5%，那么该任务的结算金额为 1990×5%×90%×100%=89.55 元。

这也意味着，如果 UP 主在视频下方关联的是自家商品，那么 UP 主在获取商品类悬赏任务奖励的同时，也在售卖商品的过程中赚取了一定收益，可谓一举两得。

"悬赏计划"的注意事项

UP 主加入"悬赏计划"后，需要注意以下事项。

1. 广告悬赏任务中的"任务分区"具有强制性

"任务分区"是指 UP 主在广告悬赏任务中希望对接的分区。例如，UP 主把稿件投给了游戏区，那么这个视频就只能关联游戏分区的广告任务；若 UP 主把稿件投给了时尚区，那么该视频只能关联时尚分区的广告任务。

2. 悬赏市场只支持原创视频

UP 主转载的视频不能接悬赏市场的广告，若 UP 主为此将转载内容标记为原创视频，那么审核部门发现后会及时取消视频下方悬挂广告的资格。

3. 商业推广与悬赏计划不能同时进行

若 UP 主投稿的视频中含有商业推广内容却未报备，审核部门一旦发现，会及时取消视频下方悬挂广告的资格。鱼和熊掌不可兼得，UP 主发布的视频若已承接了商业推广，就不能再接悬赏市场的广告。

4.4 花火平台：有保障的商务合作

2020 年，B 站大规模开放商业合作，花火平台应声而至。

"我觉得花火是非常好的。"B站百大UP主"影视飓风"如此说道。影视飓风认为花火平台不仅为UP主带来了不少商业机会，同时也规范了UP主与品牌方接洽收付款的流程。因为对单打独斗的UP主而言，与商家沟通商单是一件十分复杂的事情。

那么什么是花火平台呢？花火平台其实是B站服务于品牌方和UP主的官方商业合作平台，助力品牌方匹配意向UP主，为UP主和品牌方的合作保驾护航。

花火平台的变现优势

B站UP主"黑猫厨房"用了三年时间，从一名普通的二次元用户变成了美食区的百大UP主。如今的她拥有300多万粉丝，已经能接到商单。事实上，在此之前相当长的一段时间里，"用爱发电"才是她的常态。

在花火平台正式上线之前，"黑猫厨房"曾接到一个商单，秉持工匠精神的她反复打磨作品，等所有内容已完成，只待发布那天，对接人却与她失去了联系。由于联系不到人，她只能无奈地将广告拿掉，将其当作普通视频发布。

后来她才得知，在视频发布当天，对接人不巧丢了手机。虽然是一个意外情况，但对于"黑猫厨房"而言，商单没了，自己的劳动也白费了。对此，"黑猫厨房"表示，如果没有花火这样的专业平台来保障双方的商务合作，恐怕商家跑单、层层加码的情况会接连不断地发生。

可见，无论是对于商家还是对于UP主，花火平台都能为商务合作提供保障。

首先，在合作过程中，花火平台会真实展现UP主的商业合作报价，并且每月更新。其次，在交易方面，花火平台会严格审核品牌、代理商和UP主的资质，全程交易标准化，重要流程节点产品化。如此一来，双方的商务合作自然更有保障、更安全。再次，花火平台的数据共享也做得十分"给力"，即该平台会向全行业提供一系列UP主的商业合作数据，品牌方能快速匹配到合适的 UP 主，UP 主也能快速对接品牌方。最后，花火平台的服务也独具优势，在商务合作中，合作双方可随时联系花火运营小助手，以获取疑问解答及相关资料与政策。

花火平台的入驻与交易

花火平台有 4 种账户类型，即代理商、品牌方、UP 主和 MCN 机构。若公司代理大于 1 个品牌的产品推广，可以选择以"代理商"角色入驻；若为品牌方，且只针对该品牌下的产品进行推广，则可以选择以"品牌方"角色入驻；若为在 B 站创作视频内容的 UP 主，可以选择以 UP 主角色入驻；若是签约 UP 主的经纪公司，则可以选择以"MCN 机构"角色入驻。

在这里，我们以 UP 主与品牌方为例，对花火平台的入驻与交易进行介绍。

1. 入驻

UP 主加入花火平台需要满足 4 个条件：第一，UP 主要年满 18 周岁，且完成实名认证；第二，UP 主的粉丝量不低于 10000；第三，UP 主要在 30 天内发布过原创视频；第四，UP 主的信用分不低于 90 分，创作分及影响分不低于 70 分。

只要满足上述条件，UP 主只需要在花火平台首页点击"申请入驻"，选择需要入驻的角色，根据表格内容填写信息即可，平台人员会在一周内与开通者沟通开户资质信息，若提交的资质无误，则可以在 1～2 个工作日内完成开户。不同角色的入驻流程如表 4-5 所示。

表 4-5　不同角色的入驻流程

品牌方	UP 主
1. 登录花火 2. 完成资质认证 3. 在线签署合约 4. 充值至品牌方账户	1. 登录花火 2. 完成资质认证 3. 在线签署合约

需要注意的是,所有角色入驻花火平台时,均不用交任何费用。

2. 交易

在花火平台中,品牌方与 UP 主的商单交易主要分为 6 步,如图 4-6 所示。

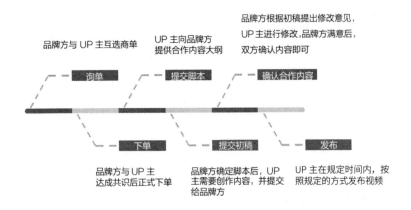

图 4-6　品牌方与 UP 主的交易流程

以"黑猫厨房"为例,若"黑猫厨房"在花火平台接单,则可以在个人商单页面查看订单邀请,了解订单详情(品牌方、品牌名称、需要推广的产品名称、发布时间、可获收益等)。假设××美食品牌根据一系列指标(创作领域、粉丝数量、视频播放量等)筛选出了适合自己的 UP 主,向"黑猫厨房"发出了邀请,若"黑猫厨房"同意接单,那么双方即可开启这一商单的合作。

4.5　商务合作:B 站赋能 UP 主变现

"恰饭"一词兴起于 B 站,该词为"吃饭"之意,原本为四川方言。

只要是含有商业推广内容的视频,都被用户称为"恰饭"视频。每当 UP 主的视频进入广告时间,用户就会发送"恰饭时间到""恰饭啦"

等弹幕。

什么样的 UP 主能"恰到饭"？有人说是流量大的 UP 主，诚然，流量是一个基础，但光有流量也不一定会得到品牌方的青睐，毕竟"昙花一现"的热度不能确保下一个合作视频能进入大众的视线。准确地说，UP 主能不能"恰饭"，会受其流量、粉丝黏性及视频类型等因素影响。

那么 UP 主到底该如何"恰饭"？按照目前 B 站上的合作方式，主要有"定制内容"与"软植入"两种。

定制内容：为商家制作定制化内容

定制内容是指 UP 主为商家定制专属内容，简言之，视频内容需要围绕品牌或产品进行创作，把品牌或产品介绍给用户。

我们以 UP 主 "oooooohmygosh" 为例，在《改了好像没改？品牌视觉形象究竟在升级什么？》这期视频中，UP 主为赞助商"福特中国"做了定制化内容。

在视频中，UP 主以福特品牌对视觉形象所做的一次更新为例，介绍了视觉设计的方法，从颜色、文字规范、辅助图形、布局等方面对福特汽车 LOGO 的升级做了一次讲解。

UP 主在讲解福特汽车的 LOGO 颜色时，是这样说的：

升级后全新的福特蓝，这种更鲜艳的蓝色，让这个历史悠久的企业摆脱了那种古板老派的感觉，不过它有些太深了，但也没关系，这次升级并不是简单地将颜色进行替换，而是采用了三种全新的配色。其余两种作为辅助颜色，以更小的比例出现，一个更暗，一个更明亮，品牌的色彩也就变得更有层次感，而且这样既保留了它原本的稳重感，又增添了许多活力。特别是这个高亮的蓝色，以 RGB[1] 为标准，专门为数字设备而设定，一瞬间将福特这个品牌拉进了充满年轻气息的互联网时代。

---

1 RGB 色彩模式是工业界的一种颜色标准，代表了红、绿、蓝三个颜色通道。

UP主用案例讲解的方式，从自己擅长的领域切入，介绍了福特品牌的视觉形象的进化之路，同时在结尾处进行了升华：

一个品牌的视觉形象，随着产品的发展、时代的改变，总是在悄悄地进化着。品牌设计师以参与者的身份，诠释着他对产品人格的理解，对视觉风格的定义，对品牌未来的想象，用设计描绘品牌的现在，是一件很有趣的事情。更加有趣的是，我们可以期待这个品牌未来的模样。

UP主以这种方式引导用户进行深度思考。可以说，这期视频既让更多用户了解了福特这个品牌，也让用户学到了视觉设计领域的知识。UP主不仅"恰"到了商家的"饭"，也靠内容赢得了用户的好评。

再如，UP主"自来卷三木"，为好麦多旗舰店定制了一个视频，视频主题为《七个葫芦娃》，以七个葫芦娃的视角来宣传产品。视频截图如图4-7所示。例如，在讲大娃时，UP主是这样说的：

这天，大娃正慵懒地躺在沙发上，他一边吃麦片，一边看电视。这时，电视里的画面吸引了他，他两眼放光，充满憧憬，于是他开始修炼'大力神功'。长大后，大娃成了一名按摩师。力气不白费，好麦多葫芦娃联名礼盒，带你重回童年。

视频中的二娃、三娃、四娃、五娃、六娃、七娃，都通过不同场景宣传了好麦多的产品，这种酷似电视广告的定制化"恰饭"视频，不禁让用户直呼高级。

有的用户在视频下方留言称赞："一直不反感UP主'恰饭'，毕竟大家都要生活，这种高质量的'恰饭'视频，既能带来快乐，又给厂商进行了宣传，真是一举两得！"

可见，高质量的"恰饭"不仅不会引起B站用户反感，反而能赢得用户的大力支持。

图 4-7 《七个葫芦娃》的视频截图

软植入：绵里藏针，收而不露

"猝不及防""闻到饭味了""正片开始"……

这是 UP 主"硬核的半佛仙人"视频中常常出现的弹幕，这种具有提示意味的弹幕表示他在视频中植入了广告，开始"恰饭"。

随着影视剧中广告软植入的出现，短视频的软植入现象也"应运而生"。例如，我们在看某 UP 主讲解美食时，若是被潜移默化地"种草"了某种美食，就说明这条视频的广告植入效果较好。

软植入类似软文，绵里藏针，收而不露，克敌于无形，等我们发现这条视频是一条广告时，已经掉入了软植入的陷阱之中。可以说，短视频中的软广，追求的是一种润物无声、春风化雨的传播效果。

短视频的软植入形式主要分为以下 4 种。

1. 剧情植入

剧情植入类广告，是最为常见的软植入方式之一。UP 主在创作内容时，首先要撰写脚本，脚本的主题要与品牌或产品相关。

B 站 UP 主 "papi 酱" 是剧情植入的优秀典范。例如，她曾经和 "天猫精灵" 合作推出了一条剧情植入式广告，视频名为《如果面试官和各种职业混搭会是什么样的呢？》，单从视频名字来看，我们并不能察觉出这是一条广告，与 "天猫精灵" 没有任何关系，但在看完 "papi 酱" 的视频内容后，我们不得不称赞 "papi 酱" 的创意脑洞。

在视频里，"papi 酱" 设置了美国联邦调查局、电话客服、言情剧女主角这三种身份，分别以剧情表演的方式表现各自担任面试官的模样。

例如，在当电话客服时，"papi 酱" 是这样表现的。

面试者："您好，我来面试。"

面试官："您好，欢迎参加我司面试，我司现已推出面试元旦优惠套餐，您可登录我司官网查询详细情况，中文面试请按 1，For English Service Press 2；应聘前台请按 1，应聘销售请按 2，应聘文案请按 3。"

面试官："正在为您转接人工面试，请稍候……您好，您是来面试文案的吧，不好意思，我不是这个部门的，您稍等一下，我帮您转接一下，正在为您转接人工服务，请稍候……"

幽默的内容加上夸张的表演，"papi 酱" 将不同职业的面试缺点生动形象地展现了出来，最后衔接了人工智能产品面试时的情景，让 "天猫精灵" 与剧情完美融合。

面试官："您好，您来面试是吧？您的姓名？"

面试者："小姜。"

面试官："您来应聘哪个部门？"

面试者："不是我来面试，是它来面试（拿出天猫精灵）。"

面试官："以后不能家长陪着来面试啊，姓名？"

面试者:"天猫精灵。"

面试官:"面试广告的是吧?"

面试者:"不是。"

面试官:"那是面试音箱的吧?"

面试者:"不是不是,我们是来面试人工智能部的,天猫精灵是一个人工智能品牌,它能让你的扫地机器人有人工智能的大脑,能自己思考,它能让你的所有家电都变得更聪明。"

面试官:"你别说话,你让它说话。"

……

"papi酱"精湛的演技和有趣的剧本,让用户在欣赏趣味视频的同时,也在结尾看到了广告的宣传。

2. 认知科普

UP主通过升级用户的认知,在讲解一些鲜为人知的知识时穿插广告,这被称为硬核科普式的软植入,这对于乐于探索未知领域的用户极为有效。

如半佛仙人在《为什么能在真鞋店买到假鞋?》这条视频中,在谈到对鞋的观念时,自然地嵌入了广告。首先是谈对鞋的看法:

在我看来,鞋这个产品,最大的意义和价值,在于技术和设计。如果理解鞋的演变,你可以发现这里面蕴含着真正的突破极限。鞋是有专业技术的,所以讲到那些专业品牌的时候,重点应该是他们的核心技术,是他们的探索,而不是价格。

随后自然引出一系列具有核心技术的品牌,以国产品牌鸿星尔克为例,他是这样介绍的:

2019年的时候,在蓄能、箭翎、笼骨等结构缓震技术之后,鸿星尔克在材料缓震领域,又搞出了一个新科技——尔克奇弹。这是一种中底缓震技术,在传统的非牛顿流体缓震材料技术的基础之上,鸿星尔克把a-FLEX混合不同的化学制剂,搞了600余次发泡,6000多次耐折试验与测试,做出了奇弹这种新型中底材料……

虽然这期视频讲了许多品牌,但广大用户还是看出半佛仙人"恰"了鸿星尔克的"饭",成功被半佛仙人"安利"。

3. "种草诱惑"

"种草诱惑"是一种不是广告却胜似广告的软植入,UP主常常采取产品红黑榜或者产品测评形式盘点各类产品,将这些产品的卖点一一展现给用户,激发用户的购买欲望。

如UP主"达达达布溜-"在《近期红黑榜!难用到气吐血!》这条视频中,是这样"吐槽"产品的:

这支口红的宣传颜色是玫瑰甜茶,宣传图真好看,你看多粉、多嫩,还带一点细闪,那涂上去得多年轻!单看试色,涂上去秒年轻20岁。我一上嘴,玫瑰后妈呀,你家的玫瑰是紫色的呀?你们说这个试色色差,差得离不离谱?

在吐槽完"黑品"后,UP主紧接着开启了红榜的解说,为用户"种草"产品,话术如下:

××品牌的黑面膜,这个面膜,但凡你满了18岁,你就给我狠狠地用起来,狠狠用,抗初老,要趁早。一般来说,一个面膜同时具有二裂酵母和烟酰胺,在抗老抗氧化这一块就十分厉害了,但是这款产品添加了10%的二裂酵母,外加99%的高纯度烟酰胺,二裂酵母的量,是直接大到上了成分表的第二位。

前面吐槽,后面"种草",在这种红黑榜的对比下,UP主帮用户"排"了雷,用自己的真实体验收获了用户的信任,随后又"种草"产品,让广告既不显得那么生硬,也达到了自己"恰饭"的目的。

4. 结尾神转折

结尾神转折的软植入也十分常见,如UP主"刘老师说电影",在其发布的《票房超50亿,149万人打出8.5分!重温国产动画电影〈哪吒之魔童降世〉》视频结尾处引出了电影的经典台词:"我命由我不由天",

向用户传达出了一种"打破成见,不接受被定义,勇敢做自我"的精神。

随后,UP主在此处"神转折",提出哪吒精神代表了"特步第23代风火鞋",向用户宣传了这一产品,既不会显得生硬,也达到了宣传的效果。

4.6 课程变现:如何打磨一门知识付费课

人们对于"B站是学习网站"的呼声越来越高,在这种趋势下,2019年10月30日,B站正式上线了付费课程功能。付费课程的上线,也意味着B站真正成为一个学习社区。

一门99元的课程,随着量的积累,能带给UP主巨大的利益。即使UP主的课程销量不能像头部UP主一样优秀,但要达到5000~10000的销量目标,还是比较容易。

如今,B站的付费课程功能已推出近两年时间,B站课堂板块推出的各大类型的付费课程,播放量也十分可观,受到了用户的欢迎。这也意味着,知识付费的风依然在B站上"吹"。

那么UP主如何在B站上打磨一门知识付费课,实现课程变现呢?我们以具有代表性的"罗翔说刑法"为例,剖析罗翔老师在B站上的课程变现之路,给大家以启发。

打造课程体系

罗翔老师以讲解刑法在B站火出圈,为了贴合投稿视频的内容定位,罗翔老师在B站推出了《罗翔:刑法悖论十讲》这门课程,罗翔老师的付费课程如图4-8所示。

图 4-8 罗翔老师的付费课程

付费课程不同于B站的投稿视频,每期没有固定关联,是独立的存在。站在付费用户的角度来看,购买一门课程,如果内容没有逻辑,看到哪儿学到哪儿,可能会觉得这课买得不值。

所以,UP主在打造付费课程时,一定要注重课程的系统性。例如,罗翔老师的《罗翔:刑法悖论十讲》这门课程,第一期视频《刑法中的悖论:先导与开题》是整个课程系统的先导片,是课程后续内容的"引子"。随后,在第二期视频《法律悖论课程开讲了!!!》中介绍了何为法律悖论。

在后续课程中,罗翔老师讲了《犯罪的决定与被决定》《刑罚的根据要向前看又要向后看》《死刑既惩罚人又尊重人》《因果关系不能假设但又必须假设》《刑法既要惩罚犯罪人又要保护犯罪人》这几组并列的悖论关系。随后,在第八期和第九期视频中,分上、下两部讲解了《勒索是被害人之所欲也是被害人之所恨》的悖论关系。

从这些视频中我们可以发现,罗翔老师这套课程的视频都是围绕"法律的悖论"这一主题展开的,有一条逻辑线将所有的视频串联起来。所以我们说罗老师的课程是成体系的,让用户能系统地学习这一方面的知识。

罗翔老师这套体系化的课程,截至2022年3月14日,播放量已高达 1516.9 万。想要观看课程的用户需要支付 99B 币，罗翔老师借此实现变现。

上线试看与优惠功能

知识付费内容要想吸引到人，得先抛出一个"诱饵"给用户。深谙这一道理的罗翔老师，在这套课程中设置了试看功能，即第一期《刑法中的悖论：先导与开题》、第二期《法律悖论课程开讲了！！！》、第十一期《性可以被侵犯又无法被侵犯》可以全集试看，第三期《犯罪的决定与被决定》只能试看部分内容。

这让想学习刑法知识的用户，可以在试看视频后判断视频内容是否符合自己的学习预期，从而决定自己是否购买该课程。与此同时，试看功能也能吸引到相应的受众群体，若试看视频的用户认为该课程刚好能填补自己的知识空缺，同时又认为试看的内容有趣又易懂，就会为之买单，跟着罗翔老师一起徜徉在刑法知识的海洋里。

除了试看功能，B 站平台偶尔也会给予用户一定的课程优惠。例如，B 站经常有课堂 5 折券的活动，如图 4-9 所示。

B 站用户可以在购买课程时使用优惠券，原本价值 99B 币的课程，在活动期间可以以一半的价格购买，使用户的购买欲大增。

开始"食人间烟火"的 B 站，将赚钱与爱好融为一体，发展出了 UP 主最理想的平台模式。可以说，B 站已经不是原来的那个"小破站"了，在商业化方面，B 站紧跟时代潮流，相信在不久的将来，会有越来越多的人能够像罗翔老师一样，通过深入了解 B 站，运营 B 站，收获 500 万甚至 5000 万粉丝。

B站运营 >>> 爆款内容＋商业变现＋品牌营销

图4-9 B站推出的5折优惠券

第 5 章
企业如何掘金 B 站

随着"Z 世代"的消费潜力不断释放,几乎所有企业都想获得"Z 世代"这波流量。虽然许多企业入驻 B 站后努力转型,在 B 站开展了品牌营销,但始终收效甚微。究其根本,是因为企业还未掌握在 B 站进行品牌营销的正确方式、内容创作要点、投放策略和运营技巧。

5.1 方法篇:企业在 B 站的三种品牌营销方式

品牌即内容,内容即品牌。

蜜雪冰城以前是一个知名度不高的品牌,直到那首宣传曲火遍全网,才将这个品牌带到了大众的视野中。

"你爱我,我爱你,蜜雪冰城甜蜜蜜。"

这首旋律欢快、歌词简单的主题曲迅速火遍全网,已然成为蜜雪冰城的代名词。

截至 2022 年 3 月 14 日,《蜜雪冰城主题曲 MV 主题曲中英双语版》这期视频的播放量已高达 1949.6 万,与之相关的"二次创作"视频的播放量也很高,不少视频超 100 万播放量,超 10 万播放量的视频更是多不胜数。

蜜雪冰城此次火爆出圈也让更多品牌嗅到了 B 站蓝 V 账号的商机。

纵观 B 站全网的蓝 V 账号，我们会发现企业在 B 站的营销方式主要分为以下三种。

运营企业蓝 V 账号，做品牌宣传

纷纷入驻 B 站的企业蓝 V，在发展的第一阶段都"惨不忍睹"。

1. 品牌和内容都"无人问津"

此阶段的蓝 V 账号，并没有重视 B 站的社区属性，仅仅将 B 站视为一个新品广告发布平台。以手机行业的"四巨头"之一 vivo 为例，截至 2021 年 9 月 7 日，vivo 的蓝 V 账号共投稿了 218 个视频。

在这 218 个视频中，绝大部分的视频内容为新品发布广告，如图 5-1 所示。

图 5-1 vivo 的投稿视频

从图 5-1 中我们可以看出，每期视频的播放量并不多，几千的播放量是"家常便饭"，甚至比不上一些新人 UP 主的视频播放量。

可见，这种"佛系"更新的蓝 V 账号很难抓住 B 站用户的眼球。

与 vivo 拥有相同现状的品牌还有旺旺。自 2018 年 9 月在 B 站发布第一个视频起，旺旺的蓝 V 账号已发布了 261 个视频。这些视频平均播放量也均在几千左右，如图 5-2 所示。

图 5-2　旺旺的投稿视频

由图 5-2 可知，旺旺的视频内容大部分是在传统媒体时代投放过的经典广告片。兴许是旺旺意识到此类视频在 B 站并不"吃香"，从 2021 年开始，旺旺适当地创新了形式，如尝试用解压动画的形式揭秘旺旺零食工厂的流水线，旺旺的鬼畜广告，旺旺产品的科普类视频，等等。内容形式开始多样化，调性也逐渐向 B 站贴合，但仍未有一个视频的播放量突破百万。

2. 内容火了，品牌没火

多年以后，想必联通的官方客服再次打开 B 站时，一定会想起那个跟同事一起跳宅舞的下午。

2019 年 12 月 15 日，中国联通凭借《【中国联通抖肩舞】虽迟但到！每天亿遍，防止抑郁！考试 pass，年终 double！》这期视频火出圈，仅上线一天，该视频播放量近 60 万，点赞 4.3 万。

虽然中国联通凭借宅舞找到了蓝 V 账号的"流量密码"，但联通发布的与品牌相关的其他视频播放量依旧不尽如人意，如图 5-3 所示。可见，用户对联通账号内容的期待，往往与品牌本身没有什么关联。

图 5-3　中国联通视频播放量对比

相差几百倍的播放量不得不令我们思考,这种状态下的蓝 V 账号,虽然已努力贴合 B 站的调性,宅舞、玩梗、鬼畜样样精通,深受用户喜爱,但是品牌真正靠这些火出圈了吗?

答案是否定的。很显然,中国联通的视频流量并没有真正转化成品牌流量,这种一味紧跟潮流、模仿流行内容却失去品牌特色的视频,播放量再多,也不能有效提升品牌知名度。可以说,在经历过这一次次的视频"狂欢"后,在用户心中,中国联通依旧是一个很模糊的形象。

甚至中国联通也因这些舞蹈视频受到了一些质疑,如不务正业、只有噱头等,可见,这类紧跟潮流的形式对品牌来说也有消极影响。如果跳舞视频是建立在优质的服务与优质的产品之上,那么中国联通的品牌形象就能够锦上添花,知名度会大大提升。

3. 品牌和内容双双出圈

相较前文所介绍的几大品牌,美团入驻 B 站的时间不算太早,但仅有 46 个投稿视频的美团,已做出了 500 多万播放量的出圈视频。

以美团蓝 V 账号发布的《外卖圣杯战争》为例,外卖小哥的视频素材加上二次元的音乐,展现了外卖小哥独特的一面。

视频开头融合了各种关于美团外卖小哥的鬼畜视频素材,十分有 B 站特色,用户纷纷评论"官方鬼畜,最为致命"。随后,视频开始升华主题,文案描述了在危机时刻美团外卖的"全员出击",部分如下。

万能的美团骑手,与其他志愿者一起,为武汉医护人员送出9万份饭,他们相信,只要饭还热着,希望就不会冷掉,这个春天,我们赢回来了。

主题的升华不禁让用户起了"鸡皮疙瘩",用户纷纷致敬美团骑手,点赞视频,如图5-4所示。

图5-4 美团的视频截图

回过头看,这个视频独特的配音、背景音乐,把原本纪录片风格的视频改编成了一部热血动漫,这种励志又"中二"[1]的视频风格,深受B站用户的认可与喜爱。

再如美妆行业的诗佩妮品牌,通过多样性与"接地气"的内容吸引了用户的眼球。不同于其他彩妆品牌,在诗佩妮的视频中,我们可以看到很多男性的身影,如图5-5所示。

这种反其道而行之,从男性视角出发做内容的路线,让用户不禁将诗佩妮视频中出现的男性角色亲切地称为"诗佩妮男团",将价格实惠、包装平平的产品称为"直男彩妆",粉丝自称"小诗妹""自来水",主动参与产品的传播。

---

1 全称中二病,源自日本的网络流行语,形容一些经常活在自己世界或做出自我满足的特别言行的人。

图 5-5　诗佩妮投稿视频

可见，亲切感的人设和接地气的内容，也能让品牌和内容双双出圈。

总而言之，从表面上看，B 站的红利是年轻人的流量红利，但事实上却是品牌利用视频与用户维持关系的红利窗口。短视频的爆火兴许能为企业品牌带来短时间的关注度，但不应该成为企业蓝 V 账号运营的目标。迎合年轻用户做内容升级与迭代，找到用户需求与企业品牌的契合点，才是运营蓝 V 账号的正确方法。

与 UP 主 PUGV 内容合作

PUGV 是指专业用户制作的视频，它是 B 站的第一品类，是 B 站视频的核心内容，占比约 90%。简言之，就是 UP 主可以在自己的专业领域，发布与其相关的视频，视频是由 UP 主精心制作与剪辑的。

不了解 B 站文化氛围的企业品牌，要想融入 B 站，需要花费大量的时间与精力，所以，将重心转移到与 UP 主合作，不"白费力气"做蓝 V 账号，这样的案例不胜枚举。

1."三顿半咖啡"：和 UP 主共同推出联名产品

截至 2022 年 3 月 14 日，"三顿半咖啡"官方账号只有 4922 个粉丝，投稿视频也仅有 7 个。但"三顿半咖啡"在 B 站的存在感并不弱，这是因为"三顿半咖啡"已与多位 UP 主达成合作，即使不运营自身账号，也获得了较为理想的宣传效果。

例如，"三顿半咖啡"曾和影视 UP 主"狂阿弥_"合作了一条"恰饭"

视频《当了 4 年 UP 主，我结婚了！》，该视频播放量曾跃居全站前六。在这期视频中，UP 主"狂阿弥_"分享了自己的成长历程及与女友的恋爱故事。谈及恋爱故事时，"狂阿弥_"提到自己在恋爱纪念日里，曾收到女友送的"三顿半咖啡"出品的挂耳咖啡套装，并顺势为用户讲解了"三顿半咖啡"系列产品的优势，最后推出 4000 套联名款产品。用户通过微信添加"三顿半"为好友，回复"新婚快乐"，仅花费 18 元即可获得一套产品。

视频发布后，4000 套联名产品被一抢而空，"三顿半咖啡"的品牌知名度也因此视频得到提升。可以说，这次梦幻联动，既让 UP 主"恰"到了"饭"，也让企业品牌掘到了金，达到了双赢的效果。

2. 好麦多：合作宣传，推出礼盒产品

自 2020 年 9 月入驻 B 站以来，好麦多蓝 V 账号仅发布了 5 个视频，其中有 3 个视频是与 UP 主合作的视频。

这 3 期视频分别是与音乐区 UP 主"凯玟桑"，鬼畜区 UP 主"推背兔の"，影视区 UP 主"葵的精神世界"合作的。可见，好麦多合作领域较广。

好麦多曾与 UP 主"自来卷三毛"有过合作，在那次合作中，UP 主的视频播放量高达 124.7 万，深受用户喜爱，好麦多在视频下方宣传"葫芦娃"礼盒，因此提升了产品销量。

以上两个案例告诉我们，企业品牌就算不费尽心思运营自己的蓝 V 账号，也能靠与 UP 主的合作，在 B 站闯出一片天。

与 B 站官方 OGV 内容合作

OGV 是指机构制作的视频，通常为 B 站平台购买的具有版权的影视内容，如纪录片《人生一串》、动漫《天官赐福》、自制网综《故事王》等。作为 B 站日益倚重的营销资源，OGV 内容往往比较契合 B 站平台的调性，成为众多品牌的合作首选。

例如，2020年，奥迪为了扩大品牌知名度，吸引更多的年轻人，与B站的国创动画《灵笼》有过深度合作。

在该动画下半季的最后一集中，奥迪将发布的概念车以动漫女主角乘坐的交通工具的形式融入剧情。从当时的反馈来看，用户对奥迪这个"金主爸爸"十分满意，甚至频繁催更。于是，在2020年的圣诞节，奥迪在粉丝的要求下，与《灵笼》又合作了一期圣诞番外篇，深受用户欢迎。

在这两个视频中，用户通过动画的形式感受到了奥迪概念车的魅力，许多用户纷纷发送"奥迪车确实不错！""奥迪我买了！"这类与品牌相关的弹幕，在无形中又为品牌打了一波广告。

与UP主的合作相比，OGV内容的商业合作更适合头部的企业品牌，无论是经济实力还是知名度等方面，头部品牌出现在OGV内容里会有更好的宣传效果。

以上三种品牌营销方式，每种达成的效果都有所不同。企业既可以选择其中一种，也可以组合营销。无论选择哪种方式，企业都要从自身情况出发，不能盲目跟风，照搬照抄。如果能找到一条适合自己的道路开展品牌营销，一定能收获很好的效果。

5.2 内容篇：企业品牌的内容创作要点

一位创作者要想在如今的时代靠内容出圈，那么最适合入驻的第一个"站点"，非B站莫属。

2019年的夏天，云南白药选择了B站这个"站点"，以赞助商的身份，与口碑极好的烧烤美食纪录片《人生一串》第二季结缘。

"放肆撸串，放肆烤"，当这句文案搭配云南白药的广告出现时，屏幕前的众多吃货并没有很反感，反而感谢"金主爸爸"云南白药赞助《人生一串》第二季。可以说，云南白药借助B站的优质内容，在烧烤重度爱好者与 B 站年轻用户之间刷了一波好感。

云南白药这次的品牌营销，属于 OGV 内容的合作，B 站上那么多的 OGV 内容，为何云南白药会选择《人生一串》？这是因为云南白药在内容创作时考虑到了自己的品牌特性，而这一考虑，意味着云南白药在 OGV 内容合作的这种模式下掌握了相关的创作要点。

前文介绍了企业在 B 站的三种品牌营销方式，与之对应的内容创作要点也是企业需要深入了解并掌握的知识。

自营账号：企业蓝 V 账号内容创作要点

从如今 B 站上的品牌营销内容来看，已经出现了不少的品牌"营销鬼才"。这些品牌凭借敏锐的洞察力与超强的适应性，摸索出了适合自己发展的视频调性。阿里旗下的钉钉就是一个典型的例子。

1. 魔性"鬼畜"，巧用虚拟 IP

几乎所有的学生党都不会忘记那个被钉钉支配的寒假。

特殊时期，钉钉不仅是企业办公神器，也是学校老师使用最多的办公软件。在那段时间里，学生需要每天在钉钉上准时打卡，还要借助该平台上课写作业。于是乎，大批学生在应用商场里报复式地给钉钉打了一星差评，这让钉钉的品牌形象受到严重损害。

为了扭转局面，钉钉突发奇想，在 B 站发布了一期鬼畜 MV《钉钉本钉，在线求饶》。在这期视频中，我们可以看到一个名为"钉三多"的吉祥物在视频中求饶，如图 5-6 所示。视频歌词如下。

你听，这美丽的铃声；你看，这充满设计感的界面。天下大乱，背水一战，负心违愿，百口莫辩，反复横跳，少侠们，饶命吧，大家都是我爸爸！我知道，老师还得洗头，给你们添麻烦了！我知道，各位少侠假期不想那么充实，难为你们了！可是我也不想牵连老师和你们，少侠们，行行好，五星分期赔不起，找个工作混口饭吃，扛不住一星……

图 5-6 《钉钉本钉,在线求饶》视频截图

钉钉利用"鬼畜"感极强的歌词配上可怜巴巴的"钉三多",形象又幽默地表达了自己对被打一星的无奈,又博得了学生们的好感,在危机事件中力挽狂澜,并靠这次视频在 B 站火出圈,提升了品牌知名度。

2. 追热点,巧用"名场面"

2020 年 6 月 29 日,腾讯起诉老干妈,原因是老干妈在腾讯投放千万广告后拖欠支付款项。随后老干妈发表声明,称从未与腾讯进行过商业合作。之后警方通报了此次案件,原来是 3 人伪造老干妈印章,冒充老干妈品牌方与腾讯签订了合作协议。

对此事件,网友纷纷评论:"腾讯真是个傻白甜!"为了再次发酵此次热点事件,腾讯在 B 站发布了《我就是那个吃了假辣椒酱的憨憨企鹅》。

在视频中,腾讯借用热门综艺中的名场面,以企鹅形象调侃此次事件,如图 5-7 所示。

视频文案幽默且逻辑清晰,从视频中用户可以直观了解此次事件的前因后果,塑造了一个"委屈巴巴"的企鹅形象:

图 5-7 《我就是那个吃了假辣椒酱的憨憨企鹅》视频截图

对不起,那个 Q 哥 Q 妹们,我真是干啥啥不行,吃辣椒酱第一名。但是这两天我压力实在是太大了,我就是帮人做了个广告,我没想到要吃辣椒酱吃两年……其实我这几天经历了很多的反转,他们说:"企鹅怎么可能吃假辣椒酱呢?它可是老企鹅啊。"我想说,我觉得我给你们做了一个很好的榜样,你们看,天底下哪有一直走运的鹅……我现在好焦虑啊,别人买一瓶假的亏 8 块,我亏 1600 万!我一吃我就掉毛……我也不知道为什么,我就是憨憨,做什么辣椒酱广告……

官方吐槽,最为致命,这条视频发布后,3 小时内播放量就达到了 90 多万,评论有 2 万多条。在此之前,腾讯面对的是网友和友商的"群嘲",视频发布后,卑微、可怜的企鹅形象让大众的态度纷纷由最初的嘲笑转变为心疼。这波在 B 站上的自黑营销,让腾讯在此次事件中扭转口碑,赢得了 B 站用户的好感。

3. 巧借热门 IP,为视频造势

刚入局 B 站的蓝 V 账号,要想快速涨粉,打造爆款视频,可以与热门 IP 联合。

例如,手机品牌 OPPO 曾联合某知名游戏,推出了官方主题曲《英雄登场 -Be the Legend》,获得了 400 多万的播放量。翻看评论区,我们可以发现,无论是品牌用户还是游戏用户,都对该视频十分认可,很多

B站用户在评论区表示:"这才是真正的宣传片。"

再如,为了贴合B站的调性,一加手机联合奥特曼打造出了《光之9R·奇迹再现》MV,致敬迪迦奥特曼25周年。该视频播放量突破百万,成为一加手机投稿视频播放量TOP2。

但热门IP也不是万能药,要想在B站上获得超高流量,企业蓝V账号必须有优质内容的加持。

4. 玩"梗"+二次创作

2021年2月,酷狗音乐在B站爆火,原因竟是酷狗音乐发布了一条65年前的歌曲视频——《光棍苦》。

酷狗音乐借助情人节营销热点,通过这首关于"单身"的歌曲在B站上收获300多万的播放量,引起了用户对"单身梗"的广泛讨论,如图5-8所示。

图5-8 《看看65年前的人是怎么写歌吐槽单身狗的》视频截图

同年4月,酷狗音乐又发布了一期《酷狗盘点 | 看看十几年前的"网红神曲"有多强,如今你还会觉得它们土么?》的视频,40首歌曲的剪辑,让B站用户再次回顾经典。截至2022年3月11日,该视频已收获了138.4万的播放量。

事实上,这两期视频都有一个共同点,那就是都没有生硬的广告植入。通过对经典歌曲进行二次创作，基于"懂音乐，更懂你"的品牌调性，即使不在视频中曝光酷狗这个品牌，也能获得用户的认可。

以上这些蓝 V 账号在 B 站上大胆创新、努力拥抱"Z 世代"的行为，让我们看到了品牌在转型之路上所做的努力。在转型的同时，企业蓝 V 账号在进行内容创作时要注意以下三点。

首先是不要硬凹年轻姿态，企业如果只是简单地将二次元、"鬼畜"划为年轻人的文化，所做的内容也只是为了讨年轻人的欢心，丢掉了做视频的初衷，那就很容易"翻车"。

其次是在进行内容创作时，营销的内容要与品牌产品或者品牌形象相关。否则，即使一条视频播放量甚为可观，也不代表用户对企业品牌有了更深入的了解，或许用户只是把企业品牌发布的视频当作娱乐性内容来消遣而已。

最后是要意识到"鬼畜"、二次元只是一种展现形式，归根结底，产品和服务才是提升企业品牌竞争力的关键。内容营销再优秀，产品和服务跟不上，企业品牌最终也不会真正"出圈"。

与 UP 主合作：PUGV 内容联合创作要点

PUGV 内容联合创作，是 B 站企业品牌目前最主流的营销模式之一。对于自己关注的 UP 主推出的商业合作视频，大部分用户都表示认可，包容性较高，但这些用户又是十分苛刻的，如果视频质量明显不如平时水准，就会被斥为"恰烂钱"，用户对品牌的好感度也会因此降低。

那么站在企业的角度，如何才能与 UP 主做好 PUGV 的内容联合创作，在 B 站掘金呢？主要看企业品牌是否做到了以下两点。

1. 有趣、有用

B 站不同于正规的广告平台，其年轻化的用户群体决定了商业广告视频必须具备有趣的特性。可以想象，一条长达 10 分钟的视频，如果都是生硬的、严肃的广告植入，你是否打开视频后很快就想退出？因此，企业品牌在与 UP 主进行 PUGV 内容联合创作时，要将商业广告完美地融入 B 站平台原生娱乐内容之中。

比如 iQOO 手机品牌在与 UP 主合作时，就抓住了这一要点。在与 UP 主"浅澄月"合作之前，iQOO 就从小米的《Are U OK》视频的爆火得到启发，于是 iQOO 和 UP 主"浅澄月"决定，结合游戏热潮，通过二次剪辑，将视频做成互动电影游戏的形式，给用户以极强的代入感。而这一期视频也为 iQOO 提升了品牌知名度，突出了 iQOO 作为游戏手机的最大卖点。

再如，可口可乐曾和鬼畜区 UP 主合作了一期名为《【全明星 Rap】那才叫爽》的视频，"伊丽莎白鼠"融合各类"热梗"与经典广告，用频率极高的重复话语、画面和声音组合成了一段节奏，形成了令人上头的"鬼畜"Rap 风，笑点十足。UP 主在植入广告时，也毫无违和感，很自然地"恰饭"，让用户直呼"猝不及防"：

我哲学如潘安，俺也一样；我数学如李白，俺也一样；我美貌如诸葛亮，俺也一样。炎炎夏日，喝可口可乐，那才叫爽！畅爽好喝，让夏天更带劲，这感觉，够爽！

截至 2022 年 3 月 14 日，该视频已获得超 1600 万的播放量，点赞量、投币量、收藏量均在 40 万以上，可见该视频宣传效果极佳。

众所周知，B 站用户热爱学习，企业品牌若能将专业知识与商业内容相结合，也会受到用户的喜爱。

比如华为就曾与知识区 UP 主"老师好我叫何同学"合作过一期《【何同学】挺稳的，华为 Mate 30 Pro 深度体验》的视频。在这期合作视频中，何同学通过不同场景下的使用情况，来展现这款产品的功能与优势。例如，在视频开头，何同学就播放了一段极具美感的视频，随后做出解释：

"刚才这个开头就是用华为 Mate 30 Pro 拍摄的，拍这些画面时，我只用到了 960 帧的慢动作，并没有上到宣传中 7680 帧那么高的帧率，毕竟在那个帧率下，物体的速度太慢了。"

在视频的最后，何同学通过对比华为历代产品的使用感受，升华了整个广告视频的主题，对华为表达了赞许与认可：

"有越来越多的消费者，接受了华为手机的高端化；有越来越多的消费者愿意花钱，买一部高端华为手机。当这些手机发布时，我们讨论的更多是产品本身的功能和创新，而不是它们的性价比和'国产'这个身份。而当他们做到这点时，那个被吐槽自研芯片吃力不讨好的华为，被说双摄只是噱头的华为，五年前才站上 3000 元价位的华为，就已经赢了。"

截至 2022 年 3 月 11 日，该视频的播放量已高达 774 万，在全站排名最高能排到第二名。华为 Mate 30 Pro 的系列产品也因此吸引到了正在观望数码产品的用户，提升了产品销量。

再如，2020 年 4 月，知识区 UP 主"毕导 THU"发布了一期《【毕导】千万不要眨眼！我是如何明目张胆骗过你的眼睛？》的视频。在这期视频中，UP 主以讲解"视觉暂留理论"[1]为主，逐渐延伸至日常游戏体验、电影拍摄画面等，进而抛出用户十分关心的话题"如何提升手机游戏流畅度"，引出合作品牌方一加手机的产品——One Plus 8 Pro 手机，结合相关知识点介绍产品的性能与优势。

例如，在介绍 MEMC 技术时，UP 主是这样科普的：

MEMC，是指运动预测和运动补偿，可以轻轻松松把低帧内容变成高帧内容。举个例子，这是一个足球被踢飞的画面，从左运动到右，低帧的视频里面，小球只有几个画面的动作。MEMC 技术就很智能，一看就判断出这可能是个抛物线，然后就在每两帧的动作之间多补充几帧画面。即将在下个月发布的全新 One Plus 8 Pro，这块超高帧瞳孔屏就搭载了 120Hz 的超高刷新率，以及 MEMC 视频动态补帧技术，一通计算猛如虎，智能生成过渡帧，就可以将原本 24 帧或者 30 帧的片源，提升至 60 帧甚

---

[1] 人眼在观察事物时，光信号传入大脑神经需要经过一段时间，光作用结束后，视觉形象不会立即消失，这种残留的视觉现象被称为"视觉暂留"。

至 120 帧……

干货满满的品牌合作视频,既让用户了解了相关知识,企业品牌的产品也因此视频获得了不错的市场反响,产品销量得以提升。

2. 内容要原生、真实

保证内容的真实感,是企业品牌与用户实现沟通的前提。例如,网易游戏为了宣传旗下的一款游戏,曾邀请游戏区 UP 主"老番茄"前往公司体验公司的日常工作。

于是,"老番茄"于 2019 年 7 月推出了《【老番茄】我去做游戏啦!》这期视频,以 VLOG 的形式记录了他在网易游戏公司体验不同工种的一天。在视频开头,"老番茄"这样开场:

话说,你玩过手游吗?你好奇过游戏公司内部是什么样子的吗?你想见一见人人都在骂的××策划吗?好巧呀,今天我就打入了网易内部,去体验手游项目组的各种工作……

随后引出赞助商,如图 5-9 所示。

图 5-9 "老番茄"发布的视频截图

在这期视频中,除了开头,"老番茄"在中间、结尾部分也植入了网易游戏的这款手游广告。虽然商业植入有些频繁,但视频风格未因商业植入而有太大改变,用户反而能跟着"老番茄"的第一视角,来体验网易游戏公司的工作日常。此次视频发布后,许多用户对网易公司的印象有了改观，并对网易游戏推出的这款游戏有了一个初步的了解。很多用户出自对这期视频及对"老番茄"的喜爱，去支持了这款游戏。可见，真实、原生的 VLOG 形式的视频，也能获得很好的宣传效果。

再如，海淘 1 号 APP 为了与更多 UP 主实现商业合作，以介绍行业内幕的形式与百万粉丝 UP 主"十音 Shiyin"合作了一期《百万 UP 主如何恰饭？揭秘行业内幕！》的视频。

在这期视频中，"十音 Shiyin"通过讲述自己接商业广告的历程，引出自己将海淘 1 号作为合作对象的理由。随后从购物体验、发货速度、客服服务、产品质量这些维度对海淘 1 号这个品牌做了一个客观的评价，十分真诚。

毫无意外，这期视频让更多人了解到了海淘 1 号这个品牌，海淘 1 号提升了品牌知名度，引流了许多合作伙伴。

事实上，有趣和有用属于视频内容的价值感，而原生属于视频内容的真实感。企业品牌在与 UP 主内容联合创作时，需要准确把握这两点，才能让内容火起来，让品牌火"出圈"。

与官方合作：OGV 内容联合创作要点

我们依旧以奥迪与国创动画《灵笼》的合作为例，剖析企业品牌在与 B 站进行 OGV 内容联合创作时采用了哪些方法。

要想实现品牌年轻化，奥迪可以采取的方法有很多，在经过一系列观察与调研后，奥迪将目光放在了 B 站国创动画这片蓝海上。彼时，选择与奥迪品牌高度契合的国创 IP，是奥迪进行 OGV 内容联合创作的第一步。

1. 选择契合度高的 OGV 内容

从品牌和传播的角度来看，拥有顶尖团队支持、头部流量关注的《灵笼》，符合奥迪的品牌调性与传播需求。《灵笼》收官时，视频播放量高达 2.8 亿，追番人数 623 万人，B 站评分 9.6 分。从这些数据可以看出，

《灵笼》的热度与奥迪是相匹配的。

从内容契合度上来看，《灵笼》作为末世题材的国创，可以通过未来场景展示奥迪在未来世界科技领域的魅力，这也是奥迪选择《灵笼》最重要的原因之一。

2. 制定合适的内容主题与形式

为了更好地展现奥迪在未来世界的科技领导力，双方结合品牌与动画的特点，确定了合作主题——末世虽至，未来由我。

在车型选择上，奥迪决定将概念车"AI:TRAIL"植入《灵笼》剧情中，以"末世战车"的形式展现前沿的车型设计，淋漓尽致地展现奥迪对未来驾驶的设想。

为了让植入不显得那么生硬，不打乱原本的剧情节奏，奥迪将视角聚焦在了《灵笼》女主角白月魁身上。在动画里，白月魁既能乘风破浪，也能"Hold住"全场，担任奥迪代言人再合适不过。

在产出形式上，奥迪选择在大结局惊艳亮相。在大结局里，女主角白月魁驾驶着奥迪的末世战车，又酷又飒，非常惊艳。

除此之外，奥迪与《灵笼》共同打造了"末世虽至，未来由我"的线上专题互动活动，鼓励用户关注奥迪和《灵笼》的B站官方账号，引导用户参与"末世虽至，未来由我"的话题讨论，上传女主角与概念车的同框截图。这样既能提升视频播放量，也能带动奥迪品牌的话题热度。

翻阅奥迪品牌在B站的蓝V账号，我们可以发现，播放量排名前五的视频，与《灵笼》相关联的视频有3个，即《【高甜预警】奥迪×灵笼2020圣诞番外》《【Audi AI:TRAIL quattro】听说奥迪在广告中植入了灵笼的剧情》《【奥迪×灵笼】我们去鸽子家门口表演了无人机推塔》。由此可见，奥迪与《灵笼》的梦幻联动是较为成功的，而这一成功案例也为众多想与B站OGV内容合作的企业品牌做出了良好的示范。

5.3 投放篇：B 站广告投放指南

作为国货营销力度较强的美妆品牌之一，完美日记也看到了 B 站的流量红利。

事实上，完美日记在 B 站上的品牌营销有着不错的曝光效果，与其关联的视频播放量在几十万到百万之间，因看到视频而去购买完美日记产品的用户数不胜数。可见，企业品牌在 B 站投放广告是一个不错的选择。

但广告的精准投放也不是一件容易事，如果企业品牌投放失误，那么企业投出去的钱就算"白搭"。那么如何才能在 B 站上正确投放广告呢？企业需要做好以下两点。

明确品牌的投放方式——找 UP 主投放广告

B 站的广告投放方式主要分为两种，一种是找 UP 主投放广告，另一种是投放信息流广告。

从内容和形式上来看，B 站的信息流广告与其他平台没有较大差别，但由于 B 站在很长一段时间内没有广告，所以在 B 站上直接投放信息流广告的效果不佳。因此，如果之前品牌从未做过"种草"，在用户对品牌并不了解的情况下，直接投放信息流广告不是一个明智的选择。

鉴于此，许多品牌在 B 站选择投放方式时，会选择找 UP 主投放广告。

护肤品企业品牌"果壳"就是如此。对于信息流广告，"果壳"并没有过多依赖，而是选择通过 UP 主投放广告，在 B 站上做了大量的内容"种草"，吸引了一大批"学生党"购买，投放效果很好。

事实上，企业在找 UP 主投放广告时，需要选择广告的展现形式，具体包括定制视频广告、植入视频广告、视频贴片、专栏和图文动态等。每种展现形式的投放价格有所不同，效果也不同。

定制视频广告适合较为复杂的产品测评，时长较长，广告效果较好，单价也较高，预算有限的品牌可以酌情考虑；植入类视频广告适合单一产品的展示，如口红、眼影等产品可以采用软植入的形式，既能达到"种草"的效果，价格也相对较低；图文动态是只有UP主的粉丝才能看到的一种广告，投放价格低，但传播范围较窄；贴片广告和专栏是较为冷门的广告形式，贴片广告适合预算较高的品牌方，专栏则适合所有品牌，投放成本低，且制作周期较短，是不错的广告形式。

企业如何在B站上找到优质UP主投放广告？

想找UP主投放广告，总是挑不准；不清楚哪些UP主较为优质；找到的UP主总是不合适……这些都是企业在B站上找UP主投放广告时遇到的难题，企业要想在1分钟内分辨出哪些是优质UP主，可以尝试以下5个步骤。

1. 找准对标UP主

用户不对，投放白费。要想让品牌用户与投放群体高度匹配，企业需要在前期分析UP主粉丝的用户画像。以飞瓜数据为例，我们在飞瓜平台上搜索相应的UP主，就可以在"粉丝分析"这一栏中看到相关用户画像，如图5-10所示。

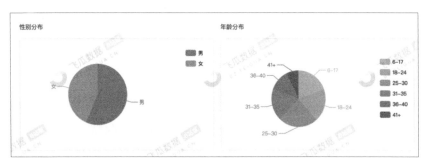

图5-10　用户的性别和年龄画像

从图5-10中我们可以判断UP主粉丝的性别和品牌用户性别重合度的高低，也可以判断UP主粉丝的年龄与品牌用户年龄重合度的高低。除此之外，还可以根据UP主粉丝所在地域来判断品牌的价格和适用城市。

当确定 UP 主的粉丝画像与品牌契合度后，企业可以开始判断 UP 主的视频内容方向是否与品牌方向契合。此时，我们可以借用飞瓜数据的"作品分析功能"，查看 UP 主的作品画像，如图 5-11 所示。

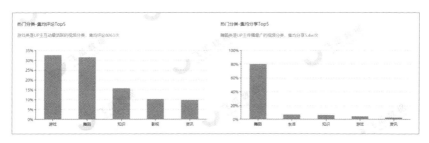

图 5-11　UP 主的作品画像

从作品画像中，企业可以了解 UP 主在 B 站上互动最为活跃、传播最广的视频类别，从而判断 UP 主是否与自身品牌内容或产品相契合。

除了借助平台工具，企业还可以通过翻阅 UP 主在 B 站发布的视频来做出判断，如从视频标题、作品标签、作品简介、视频内容等方面判断 UP 主是否符合企业品牌的调性。总之，用户和内容若与品牌调性契合，企业的投放就会更容易触动 B 站用户的消费需求点，投放转化率也会更高。

2. 看涨不看跌

只关注 UP 主的粉丝总量是许多企业在挑选合作 UP 主时总会陷入的误区，事实上，粉丝总量只是衡量因素之一，UP 主的涨粉数量和近期的视频播放数量更能反映出一位 UP 主账号的近期情况。

我们可以借用平台工具来综合分析 UP 主的粉丝数和涨粉数。以飞瓜数据为例，我们可以在相应榜单中查看 UP 主的涨粉数据。

举个例子，如表 5-1 所示，两位 UP 主的粉丝总数（w= 万）在同一梯队上，但他们在相同时间段内的粉丝增长率显然不在一个量级。

表 5-1　UP 主 2022 年 2 月涨粉率对比

UP 主数据分类	飞瓜指数	粉丝增量	粉丝总量	涨粉率
UP 主 A	1366.1	74.9w	75.6w	11845.63%
UP 主 B	1153.2	-10w	75w	-0.12%

通过两位 UP 主的涨粉情况，我们可以看到在这段时间内，UP 主 A 一直处于涨粉状态，账号属于上升期，涨粉率也十分可观。但 UP 主 B 却在这一个月内掉粉 10 万，说明其视频内容质量正在下降，对粉丝的吸引力不如从前。

粉丝总量是 UP 主在 B 站上的长期积累，该数据能说明 UP 主曾拥有的辉煌成就，但不能真实反映 UP 主近期的账号活力。企业在找 UP 主投放广告、评估 UP 主的传播力时，需要考量 UP 主的涨粉情况。若涨粉趋势较好，无掉粉情况，则可以针对 UP 主近期的视频播放量做出进一步的判断。

依旧以 UP 主 A 和 UP 主 B 为例，两位 UP 主 2022 年的 1 月 27 日～1 月 31 日的视频播放总量数据如表 5-2 所示。

表 5-2　UP 主 2022 年 1 月 27 日～1 月 31 日的视频播放总量对比

日期	1月27日	1月28日	1月29日	1月30日	1月31日
UP 主 A	1.3w	2.7w	5.6w	9.1w	23w
UP 主 B	9.9w	18.3w	21.6w	12.4w	11.5w

由表 5-2 可知，UP 主 A 在这段时间内的视频播放量呈稳步上升状态，尤其是在 1 月 31 日，有了一个质的增长。反观 UP 主 B，虽然视频播放量较为可观，但最后两个视频的播放量明显比最高播放量的视频有所下滑，可见，UP 主 B 的视频创作水平不太稳定。

总之，从账号涨粉率和近 5 个视频的播放增量来看，UP 主 A 更占优势，企业在进行广告投放时,应该选择 UP 主 A。

3. 开展舆情分析

热度较高的视频,不一定都是正面的视频,因此,企业在选择 UP 主时,要对 UP 主做舆情分析。

例如,企业可以通过观看 UP 主视频的弹幕与评论进行判断。在飞瓜数据搜索相应 UP 主后,使用"舆情分析"功能,可以看到 UP 主的评论热词 TOP 10 和评论词云图,如图 5-12 所示。

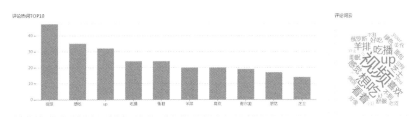

图 5-12　飞瓜数据的评论热词 TOP 10 和评论词云图

上图中的 UP 主的作品评论都是正面的,其作品口碑和粉丝印象都较好。倘若出现"好无聊""不喜欢"等消极评论,那么企业在进行投放时就要慎重考虑。

4. 看用户对 UP 主"恰饭"的态度

UP 主的"恰饭"视频的数据变化是企业监测的重点,从这些数据中可以了解用户对 UP 主"恰饭"的认可度。

如 UP 主"老师好我叫何同学",在《【何同学】我用一万行备忘录做了个动画……》这期视频中,"恰"了一加手机的"饭",视频播放量达到了 700 多万,远超其他 UP 主的平均播放数。

"恰饭"视频居然成了爆款,可见何同学对"恰饭"视频的用心程度。视频发布后,用户在评论区积极互动,甚至喊话一加手机给何同学"加钱"。在这条视频的下方,我们可以看到一加手机的蓝 V 账号在评论区与用户火热互动,消费者对品牌的态度也十分热情。

如果企业要投放的 UP 主与何同学一样，"恰饭"视频的质量与创意不亚于日常创作，那么用户不仅不会反对 UP 主"恰饭"，反而会感谢"金主爸爸"，让 UP 主多"恰饭"。反之，那些为了"恰饭"而敷衍做视频的 UP 主，其视频下方定会有"恰烂钱"的评论，这代表用户不支持 UP 主的这期"恰饭"视频，面对这种情况，企业要慎重考虑是否选择该 UP 主。

5. 看用户黏性

在飞瓜数据的"粉丝分析"功能中，我们可以看到不同等级的粉丝占比情况，LV0 至 LV3 的用户代表新用户，LV4 至 LV6 的用户代表老用户。

若 UP 主的粉丝中 LV4 至 LV6 的占比较大，说明该 UP 主粉丝大多为 B 站老用户，粉丝黏性较高；若 UP 主的粉丝中新用户与老用户的分布量相等，则说明该 UP 主既维持了原有的视频风格，账号的用户留存率较高，同时也做了适当的创新，吸引了新用户的关注，是值得企业投放的 UP 主。

5.4 ▶ 运营篇：如何运营 B 站蓝 V 账号

B 站上不乏好内容，为什么有的爆火出圈，有的却无人问津？问题出在运营上。

捕捉蓝 V 账号运营新玩法，尽早入驻 B 站，是许多品牌当下为之努力的方向。可见，除了做好内容创作，运营好账号也十分重要。

哪些品牌账号适合入驻 B 站

与 B 站颇有渊源的雷军，曾靠一首《Are You OK》火遍大江南北，成了 B 站上的名人。可以说，雷军在 B 站的火热为小米在 B 站的品牌营销打下了坚实的基础。

小米公司、小米商场、小米有品、小米服务等多个官方蓝 V 账号入驻 B 站，为品牌的宣传"保驾护航"。截至 2022 年 3 月 11 日，仅"小米公司"这一个蓝 V 账号，就已有 180 多万粉丝，视频的播放量已高达 5000 多万。

如果说雷军的爆火为小米品牌的入驻做了一个好的铺垫，那么其他品牌在没有铺垫的情况下，又该如何判断自己是否应该入驻 B 站呢？

事实上，具备内容属性的品牌都可以选择入驻，简言之，企业品牌需要具备创作内容的能力，靠内容"征服"B 站用户。具体而言，以下几种类型的品牌，都适合入驻 B 站。

1. 美妆时尚类

B 站被称为"视频版的小红书"，从这个称谓，我们就可以看出 B 站上美妆时尚类的内容颇受欢迎。用户的年轻化与视频不限时长的规定，让美妆时尚类的内容天然适合在 B 站上"放肆生长"。

我们熟知的花西子、完美日记、橘朵等平价国货品牌都入驻了 B 站，且品牌营销都较为成功。以花西子品牌为例，除了运营自身的蓝 V 账号，还巧借 UP 主的流量，与 UP 主进行合作，如图 5-13 所示。

图 5-13　花西子与 UP 主的合作视频

图 5-13 中的第二个合作，是美妆品牌与美妆 UP 主常用的内容合作形式，通过化妆与写真拍摄，直接宣传花西子的产品，通常都能起到很好的"种草"效果。例如，在上妆的过程中，UP 主和化妆师有如下对话：

"现在是上粉底液了吗？我感觉这粉底液好润哦，你用的什么粉底液？（化妆师：花西子），花西子，它能够遮我的瑕吗？（化妆师：能，还挺好,又润又遮瑕)……"

这些对话既为视频提供了内容素材,也很自然地为品牌方做了宣传。

从花西子的投稿视频的播放量来看,与 UP 主合作的视频播放量都较为可观,用户在弹幕里提及品牌的次数也较多,达到了宣传的效果。

2. 数码科技类

随着科技的快速发展,年轻人对数码科技产品的喜爱程度只增不减,在购买一款数码产品时,年轻人大多会去搜索相关产品信息,做好购买前的功课。所以,B 站的数码产品常常自带流量,产品测评、功能阐述及原理解析都是企业品牌可以尝试的视频风格。

例如,作为这两年才开始在国内市场发力的一加手机,其市场份额远远不能与华为、小米、OPPO、vivo 这四大巨头相比,但单从 B 站品牌营销的效果来看,一加手机毫不逊色。

观察一加手机的蓝 V 账号,我们可以发现其账号中的内容不同于传统手机品牌满屏的新品广告,一加手机的视频风格更符合 B 站的调性,如图 5-14 所示。

图 5-14 一加手机的视频

从视频播放量也可以看出,一加手机的视频内容已经火出圈了。在蓝 V 运营和商业合作的双重作用下,原本无人知晓的一加手机开始慢慢有了知名度,产品销量也快速提升。

3. 娱乐服务类

游戏、音乐、影视是 B 站的热门分区，许多热门手游都开通了企业蓝 V 账号，粉丝量均在 70 万以上。此外，音乐类品牌索尼音乐娱乐、影视类品牌光线电影也入驻了 B 站，持续输出各种影音娱乐视频内容。

以音乐类品牌索尼音乐娱乐为例，虽然蓝 V 账号发布的视频播放量不高，但是其与 UP 主合作的视频反响很不错，如图 5-15 所示。

图 5-15　索尼音乐娱乐与 UP 主合作的视频

虽然没有在视频中植入产品广告，但视频的爆火在一定程度上扩大了索尼音乐娱乐的品牌知名度。

4. 专业知识类

热衷于在 B 站上学习各类知识的用户，对专业知识类的视频有着巨大的需求，这催生了一批知识教育类的 UP 主，如考研辅导老师张雪峰、专业健康知识输出者丁香医生等。

以丁香医生为例，在输出健康知识时，丁香医生都会以"接地气"的标题与内容来进行科普，如《那些长期喝冰水的人，最后都怎么样了？》《那些长期戴耳机的人后来都怎么样了？听力受损不可逆》《腿不直才是正常的！姐妹们别焦虑了！》等，以不一样的视角来向用户科普，深受 B 站用户的喜爱。截至 2022 年 3 月 11 日，丁香医生投稿视频已获得 6000 多万的播放量，可见，专业知识类的企业品牌在 B 站的发展前景较为可观。

学会包装，让蓝 V 账号快速出圈

人靠衣装马靠鞍，B 站账号亦是如此，企业需要从个人信息和投稿视频这两个方面来包装自己。

1. 个人信息六要素

个人信息主要包括昵称、头像、简介、头图、公告栏、个人代表作品六个方面。

好名字和好头像价值百万，企业蓝 V 账号在取名和选择头像时要遵循"好记、好查"的原则。事实上，B 站大多数品牌官方蓝 V 账号的昵称都是直接采用品牌名，头像采用公司的 LOGO 或者二次元的头像（如钉钉）。

蓝 V 账号的简介与个人账号的写法不同，大部分个人账号的简介由"人物背书＋价值提供＋微信引导"三部分组成，而企业蓝 V 账号的简介一般有三种写法，一种是体现品牌的价值观，如华为蓝 V 账号的简介为"2021，在一起，就可以"，表达了华为品牌与用户共存的价值观；另一种则是引导关注，如元气森林的简介为"听说关注我的人不是靓女就是靓仔呢"，通过与年轻人对话的方式引导用户关注账号；还有一种是趣味性的介绍，如美的蓝 V 账号的简介为"努力卖艺但求不丢粉的小破站生活类科技 UP 主"，用趣味性的语言介绍了品牌方。

B 站账号头图是指用户打开账号详情后看到的页面图片，如图 5-16 所示。

图 5-16　B 站账号头图示例

企业可以将品牌广告图作为 B 站头部，既醒目，又能在一定程度上引导用户购买产品。

公告栏一般位于网页页面的右侧，类似简介的扩展，企业可以在公告栏注明其他平台名称，让多平台账号互通导流，如图5-17所示。

```
公告

官网：www.oneplus.com
官方微信：一加科技
官方微博：一加手机
客服热线：4008881111
关注一波~眼熟你
```

图 5-17　B 站公告栏

个人代表作品是品牌蓝 V 账号的"门面"，所以，企业在投稿视频中选择代表作品时要深思熟虑，要选择自制的原创稿件，稿件播放量要较为可观，且具有品牌代表性。

例如，元气森林蓝 V 账号在选择代表作品时，就选择了自制的《【元气剧场】跨晚梗片 7 合 1，本元气 B 站资深潜水用户的身份藏不住了》和《【元气特献】你敢不敢？》这两期视频。这两期视频都大力宣传了品牌产品，并且播放量较高，具有一定的代表性。

2. 投稿视频三要素

投稿视频的三要素包括首页封面、视频标题及视频简介。

首先是首页封面，B 站的视频封面建议尺寸大于 1196×747，蓝 V 账号要想让视频火出圈，首先得在视频封面上下功夫。

一般情况下，好的视频封面通常要样式统一，封面文字大小与数量适宜，能让用户一眼看清。最重要的是，视频封面要向用户传达准确的视频信息，以吸引用户为主，封面色彩要突出，如图 5-18 所示。

图 5-18　首页封面示意图

封面的色彩搭配很重要，例如，同样是 4 个字，图 5-19 中哪个更突出一点？

很显然，右边图中的黑白颜色对比更为强烈、更为吸引人，封面图的色彩搭配十分重要，在 1196×747 的区域里用好色彩搭配，可以帮助品牌蓝 V 账号获得更多流量。

图 5-19　色彩搭配对比

需要注意的是，在设置封面时，要规避三个误区：第一，不能频繁地更换封面样式；第二，不能只注重封面而不注重视频内容；第三，封面不要添加纯色边框，底部不要添加文字。

其次是视频标题，企业蓝 V 账号发布的视频，标题要贴合 B 站的调性，归纳起来，标题的取法有以下 5 个技巧。

第一个技巧是加入热点事件的关键词。常见的热点内容包括社会热点、节假日热点、娱乐新闻热点及大型赛事热点。以节日热点为例，麦当劳曾在春节前期发布了一条名为《神仙的年夜饭上少不了我！（傲骄脸）》的视频，标题中的"年夜饭"一词就"蹭"到了节日热点。

第二个技巧是适当添加数字或数据。数字或数据能使抽象、空洞的文案更具象化，也能增强视频信息的可信度。例如，蜜雪冰城的蓝V账号曾发布了一期名为《4元一杯，一年卖出两亿杯——蜜雪冰城柠檬水的秘密》的视频，标题中的"4元一杯"表现出了蜜雪冰城柠檬水"接地气"的价格，"一年卖出两亿杯"则表现出了柠檬水的受欢迎程度。

第三个技巧是巧设疑问。标题采用疑问句，可以勾起用户的好奇心。如腾讯的蓝V账号曾发布了一期名为《小姐姐竟是十年手办大佬？！》的视频，用疑问句的方式设置悬念，很容易勾起用户的好奇心。

第四个技巧是体现用户痛点。OPPO官方账号曾发布过一期名为《【十万个绿什么】你的手机电池，为什么越来越不耐用？》的视频，手机电池不耐用，是很多用户的痛点，OPPO将这一痛点植入标题，能够吸引用户观看。

第五个技巧是富有文采。华为发布鸿蒙操作系统的相关视频时，其标题是《"鸿"鹄志远，一举千里。承"蒙"厚爱，不负期待。鸿蒙操作系统，6月2日见！》，将谐音和成语结合后，标题文采飞扬，十分贴合华为品牌的调性。企业蓝V在使用有文采的标题时，还可以巧用多种修辞手法，如比喻、夸张、拟人等，善用修辞手法能让标题更有画面感，更具趣味性。

最后是视频简介，视频简介不同于个人简介，除了对视频内容的具体描述外，蓝V账号可以在视频简介中做出有效引导，如"希望大伙儿能来个三连支持一下""不懂的同学可以留言评论哦"等话术，这样可以提升蓝V账号的视频评论数量，提高视频热度。除此之外，在内容简介里放微信群号，也是一种很好的引流方法。

掌握视频发布方法,让内容传播更快

发布视频内容时,企业蓝 V 要找准发布的视频分区,如手机可以选择数码区。上传视频时,选择分区并写好标题后,视频标签栏会提示企业为投稿视频贴上 10 个标签。

B 站会根据投稿视频的标题与内容,对视频进行一个大致划分,提供 20 个标签供企业选择。由于标签会影响投稿视频的内容分发和播放量,所以企业需要慎重把握每个标签的设置,根据投稿视频的内容来合理设置标签。视频标签的最佳用法一般有以下两种,如图 5-20 所示。

```
3 个大标签+5 个中标签+2 个小标签

4 个大标签+4 个中标签+2 个小标签
```

图 5-20 B 站视频的标签用法

大标签是分区的标签,其订阅人数远超其他标签;企业在挑选中标签时既要注意标签的热度,也要贴合视频内容;小标签是其他标签,企业可以根据内容进行选择。总之,企业在选择标签时,要选择适合内容的标签,同时也要关注标签的热度,切勿张冠李戴。

为视频贴完标签后,可以参与 B 站的相关活动,在发布视频时,也可以附带一段话进行传播,这样用户在浏览蓝 V 账号的动态时,就可以看见与之相对应的视频。

除此之外,视频的发布时间也很重要,B 站的视频播放量增长最快的时间段一般为中午 12 点后和晚上 6 点后,在一星期内,视频会在周五迎来增长高峰,周三的视频播放量较差。因此,企业蓝 V 发布视频的时间应符合正常的作息规律,投稿视频可以在周五 11 点发布,动态可以在周二及周四发布。

蓝 V 账号的三大引流方式

企业蓝 V 账号的引流方式主要有以下三种。

1. 弹幕、评论引流

弹幕是 B 站独特的语言,有时候,热门视频的亮点也许不在内容本身,而在于弹幕。所以,企业蓝 V 账号利用弹幕引流,可能会收获意想不到的效果。

例如,企业蓝 V 账号可以在视频的开头和结尾发弹幕,话术如"××新品上线,关注官方账号即可领取小礼品一份"。若想要引流到私域流量,可以用谐音代替"公众号""微信"等词,引导用户关注。

评论区引流是较为常见的一种方法,企业蓝 V 账号可以去追热门视频的热度。如"老师好我叫何同学"曾发布过一条名为《【何同学】永远是同学》的视频,在视频评论区我们可以看到"博物杂志"官方蓝 V 的评论:

毕业快乐!都毕业好多年了,我孩子在看《博物》杂志,快乐得就像没有毕业。

该评论获得 1.9 万的点赞,引起了何同学粉丝的关注,纷纷与其互动。可见,在评论区引流,用巧妙的句子来宣传自己的内容,可以达到不错的引流效果。

2. 合作引流

每当 B 站出现合作视频时,弹幕上总会出现"梦幻联动"四个字,表达了用户对此次合作的惊喜。对于企业而言,"梦幻联动"是最佳引流方式之一。

例如,小鹏汽车曾与 UP 主"画渣不渣 -HZ"合作过一期名为《画在天窗上日出时看的画,一份送给女儿未来开启的礼物》的视频。一个汽车品牌,一个画画的 UP 主,看似八竿子打不着的两个账号,却有了这一次"梦幻联动",让用户直呼"没想到"。

在视频中，UP 主认为只要计算好贴膜的层数与透光率的明度变化，且每一层的形状可控，他就能在天窗画一张在日出时看的画。经过实践与努力，UP 主终于在天窗上画出了一幅父爱主题的画作，让用户惊讶不已。

在这期视频评论区，我们既可以看到用户对 UP 主的称赞，也可以看到用户对品牌方的评论：

UP 主这种恰饭方式挺好的，不那么刻意，让人在感动之余也注意到了汽车品牌，恭喜恰饭。

只要质量足够好，广告看得也舒服。

由评论可知，这次"梦幻联动"得到了用户的认可，而品牌方小鹏汽车也因该视频被用户了解，为自己引流。

3. 专栏引流

B 站专栏是流量聚集地，企业蓝 V 账号可以在专栏发布相关文章，从而吸粉引流。

例如，蓝 V 账号"观学院官方"会在 B 站专栏投稿。截至 2022 年 3 月 11 日，"观学院官方"在专栏已有 39 篇文章，每篇文章都有几千的阅读量，而专栏文章对应的"观学院官方"的视频播放量也较为可观。可见，专栏也能给蓝 V 账号引流。

那么怎样运营专栏才能更好地为账号引流呢？主要有以下两种方法。

第一，企业要学会挖掘专栏的关键词，如果品牌以售卖产品为主，那么在选择文章标题关键词时，就要选择与产品相关的词语。

第二，企业要批量布局文章，如美妆类的企业品牌，可以将眼部产品、唇部产品和面部产品的文章区分开来，再分批次发布，从而让更多用户关注到该品牌。

5.5 案例篇：三类企业蓝 V 账号的榜样玩法

玩转 B 站的企业蓝 V 账号不在少数，这些账号在进行品牌营销时，发挥自身优势，成功掘金 B 站，成为各自领域的榜样。剖析这些企业蓝 V 的榜样玩法，可以让更多想入驻 B 站的蓝 V 账号实现突破，做好品牌营销。

元气森林：打造 IP 矩阵，冠名 B 站

从 2020 年的 12 月到 2021 年的 9 月，元气森林蓝 V 账号的粉丝数量从 2295 个上涨至 761000 个，粉丝上涨速度令人叹为观止。惊人的涨粉速度背后，隐藏着的是元气森林的苦心经营。

1. 打造 IP 矩阵，持续曝光引流

在账号运营初期，元气森林账号不活跃，内容单一，发帖量少，运营有间断。

直到 2020 年 8 月，元气森林的账号运营开始步入正轨，规律性地发帖成为常态，账号所涉及的内容也较为广泛。在运营中期，元气森林开始在 B 站展开营销。

首先，是与著名游戏 IP 合作推出联名款。在该游戏中，玩家跳伞落地后，可以在地图中寻找"元气森林售货机"，只要与售货机产生互动，玩家就可以获取元气森林苏打气泡水饮料道具，进而兑换相应的道具。

除了游戏内的趣味联动外，元气森林还推出了"元气特种兵限定款"气泡水。定制款的气泡水瓶身包装融合了元气森林的水果元素和游戏中帅气十足的人物元素，给喜爱元气森林和游戏的用户带来了全新的视觉体验。

其次，在账号运营中期，元气森林推出了首位虚拟偶像元气推荐官"李清歌"。这种贴合 B 站调性的营销，深受 B 站用户的好评，许多用户因受虚拟偶像的影响，在视频评论下方表示一定会购买元气森林的产品。

同时，元气森林还打造了 IP 形象"乳茶妹妹"，并自称"小元气"，频繁与用户互动。其亲民可爱的形象，拉近了元气森林与粉丝之间的距离。

在账号运营后期，元气森林蓝 V 账号十分活跃，投放了大量内容，同时与迪士尼合作，推出三个版本的"迪士尼限定版乳茶"，对标亲情、友情、爱情三大主题，同时采用盲盒设计，使用户产生满满的期待感。在线上，元气森林紧跟"迪士尼在逃公主"的热度，线下推出的同款公主风格的饮品，在抖音、小红书等新媒体平台大力宣传，吸引众多用户参与到活动中去。

2. 冠名 B 站，赢了元旦

元气森林冠名赞助了 2020 年 B 站跨年晚会，在晚会直播当晚，元气森林发布了 7 个"B 站流"宣传片，宣传片中"令堂、令侄、令 car"的谐音梗契合元气森林"0 糖、0 脂、0 卡"的产品卖点，深受用户喜爱。

此外，元气森林邀请了"欣小萌""逍遥散人""LexBurner"等头部 UP 主"在线恰饭"，产生了极佳的传播效果。

晚会当晚的"重头戏"，莫过于元气森林与 B 站合作的定制节目——"打工人之歌——《今天要做元气 er》"，节目以说唱与情景剧结合的形式，唱出了元气森林"0 糖、0 脂、0 卡"的卖点，为每一个"打工人"加满元气。

晚会结束后，元气森林蓝 V 账号涨粉 100 多万，打工人之歌也在晚会结束后持续发酵，元气森林因此一跃成为 B 站"闪闪发光"的大 UP 主，在流量的加持下，元气森林掘金 B 站顺理成章。

蜜雪冰城："雪王"+ 神曲，"血洗"B 站

前文讲到了蜜雪冰城的爆火让各大品牌嗅到了企业蓝 V 账号的商机，那么蜜雪冰城到底是如何爆火的呢？这一切得从蜜雪冰城与"华与华"那场合作说起。

1. 打造辨识度高的品牌符号

早在 2018 年下半年，与蜜雪冰城合作的"华与华"就创造了一个手

拿冰激凌权杖的"雪王"形象,并且确定了以红、白两种颜色为蜜雪冰城品牌主色调。虽然当时公司内部成员和经销商一致认为设计方案太土,但蜜雪冰城的创始人仍然决定采用此方案。

虽然"雪王"的品牌符号第一眼看上去确实很土,但能在人们的脑海中留下深刻的印象。两个圆球加上鼻子、眼睛与嘴巴,经典的雪人形象早已存在于大家的记忆中,蜜雪冰城在此基础上又做了创新,给"雪王"戴上了王冠,披上了红披风,手拿冰激凌状的权杖,既增强了"雪王"这个记忆点,又展现了蜜雪冰城品牌的种类——冰激凌,品牌契合度较高,如图 5-21 所示。

图 5-21 蜜雪冰城的"雪王"

另外,"雪王"直白鲜明的卡通形象又十分符合 B 站的调性,这为蜜雪冰城在 B 站的"出圈"奠定了一个良好的基础。

2. 打造"洗脑"神曲

蜜雪冰城的主题曲爆火,看似突然,却也暗藏玄机。

多听几遍你就会发现,该主题曲歌词简单,朗朗上口,过于"洗脑",上一个宣传曲如此"洗脑"的品牌还是"国民保健品"脑白金。

蜜雪冰城的主题曲改编自美国经典民谣《Oh!Susanna》，之所以选择这首曲子，是因为该曲子节奏轻快、旋律简单，方便人们记忆。在对该曲进行改编时，蜜雪冰城将歌曲复杂的部分简化，为其配上简单好记的歌词。虽然整首歌曲仅有 1 分 44 秒，但歌词循环了整整 16 次，这也是歌曲"洗脑"的原因所在。

随着主题曲的爆火，不同版本的主题曲开始在 B 站"百花齐放"，如花式"鬼畜"版、俄语版、日语版、京剧版等。在这些不同版本的主题曲中，蜜雪冰城的"雪王"不仅时尚感十足，还穿起汉服、唱起京剧，甚至打起了天津快板：

竹板这么一打，别的咱不夸，蜜雪冰城甜蜜蜜呀好似一朵花。

除了"洗脑"，蜜雪冰城还赋予了主题曲实用价值——在蜜雪冰城的部分门店，顾客只要唱出主题曲，就能免费获得冰激凌或柠檬水，因此，B 站开始涌现在蜜雪冰城门口唱主题曲的"社死"视频：在"雪王"的注视下，人们放声高歌，一时间，大街小巷中每个人见面的第一句话就是"你爱我，我爱你，蜜雪冰城甜蜜蜜"。

短短的三句歌词，让蜜雪冰城在 B 站狂揽千万流量，成为 2021 年最受欢迎的饮品店。可见，超级品牌符号与"洗脑"神曲的结合，是企业品牌在 B 站掘金的流量密码。

美的：家电行业最"突破"的蓝 V 账号

入驻 B 站的家电品牌较少，多数企业账号运营质量不高，内容较为单一，未能成功"出圈"。但美的例外，作为家电行业的代表，美的敢于尝试，成为家电行业中最"突破"的官方蓝 V 账号。

2020 年 12 月 11 日，美的品牌官宣参与 B 站的跨年晚会，这场晚会中美的的品牌营销方案值得企业蓝 V 学习。

1. 预热：发酵话题

在晚会前期，美的多圈层发酵话题，预热晚会活动。

例如，美的上线了晚会限定头像框，发起了"美的智慧生活空间站"跨界盲盒大抽奖活动。与此同时，美的商城上线了"跨年智潮家电节"，引起不同圈层的关注。美的还与B站联合发布了相关海报，如图5-22所示。

图5-22　美的与B站联合发布的相关海报

2. 发布：打破次元壁

晚会当晚，美的打破了传统家电的次元壁，联合经典动画IP《蓝猫淘气三千问》，推出节目《美的智慧三千问》。

《美的智慧三千问》节目中巧妙融入了美的智能小家电产品，完美的节目演绎引发了一波"爷青回"的弹幕刷屏。而在晚会上登场的美的炒菜机器人、美的低糖电饭煲、美的气泡水机等产品，也完美贴合当下年轻人追求便捷的核心需求。

3. 收尾："种草"智能家电

晚会结束后，美的与众多UP主联合创作相关视频，视频形式多样，如鬼畜、混剪、搞笑等。

以UP主"约谈人参"为例，他在《新年为何突然兴奋起来？快来和心爱的老婆一起做饭吧！》这期视频中，用二次元混剪的形式，植入了美的智能炒菜机器人的广告，如图5-23所示。

图5-23 "约谈人参"和美的合作的视频截图

这种具有B站特色的视频内容，很巧妙地向B站用户"种草"智能家电。

凭借此次晚会,美的与"Z世代"实现了无缝对接,美的品牌也因此成功"出圈",收获了一批年轻化的粉丝,产品销量大幅提升。对于家电行业来说,了解美的的品牌营销策略如何反哺品牌价值,或许可以得到启发。

后记
看十年，做一年

　　这本书的写作源头，得从 2020 年的五四青年节讲起。彼时，B 站视频《后浪》在朋友圈刷屏，一时间 B 站的讨论热度飙升，用户的目光逐渐被"小破站"吸引，各路"大 V"嗅到商机，纷纷入局，开启掘金 B 站之路。比如中国政法大学教授罗翔，是笔者在 B 站上最为欣赏的"大 V"之一。作为一位大学教授，罗老师并没有以晦涩难懂的形式讲解法律知识，而是在了解 B 站的调性后，用生动的、独具特色的"张三"故事征服了年轻人的心，收获了千万粉丝，实现课程变现。

　　为了紧跟时代步伐，掘金 B 站，笔者也曾带领团队入驻 B 站，建立了"秋叶-PPT"的账号。出乎意料，该账号发布的视频受到了 B 站用户的喜爱，有的视频播放量突破了 200 万，许多用户在观看视频后留言"满满的干货""内容真赞"。基于此，笔者将自己的课程搬上了 B 站，课程上线后，受到粉丝的支持与好评，笔者也在 B 站挖到了第一桶金。

　　一位朋友忍不住来讨教经验："秋叶老师，我看您在 B 站上布局的账号播放量很高，课程也卖得很好，最近我也准备入驻 B 站，但不知从何做起，您能教我几招吗？"

　　听到他的这番话，笔者意识到，或许我应该写一本关于 B 站的书。这既能帮助 B 站运营者走出困境，也能让更多还未入驻 B 站的企业或个人意识到 B 站红利的存在，早日入驻 B 站，挖掘其商业价值。

　　当笔者将这一想法透露给身边的朋友时，他们十分期待这本书的面世，都想学习 B 站的运营之道，甚至有些朋友催促笔者加快写作进程。基于此，笔者深入调研 B 站各类型头部 UP 主账号，剖析他们的成功之道；调研 B 站推出的一系列变现计划，分析变现方法；调研企业蓝 V 账号的品牌营销方式,明确标杆企业的变现之路……加上这些年积攒的 B 站运营经验,笔者总结出了一套 B 站运营的技巧,并将之归纳成书。

本书所记录的,都是笔者反复打磨过的经验,笔者希望各位读者能真正参透书中所讲的各种案例,并结合自身情况,将学到的知识在实践中运用,这样才能真正有所得、有所成。

当互联网时代进行剧烈的变革时,我们很难看清楚未来,但越是如此,我们越要用长期的视角来看待 B 站。如今,生于 1990 年的"90 后"都已是而立之年,生于 1995 年的第一批"Z 世代"已踏入社会多年,生于 2000 年的"00 后"也即将步入职场,转眼间,年轻人已成为社会的中流砥柱。在这种趋势下,笔者相信,下一个十年里能取得成功的 IP,必定是最先布局年轻人市场的那一个。因此,阅读本书,也能让那些饱受市场发展困扰的企业或个人走出困境,开拓出一片商业新天地。

秋叶